MARCO POLO

PIEMONT
TURIN

Reisen mit
Insi
Diese Tips sin
Empfehlung
Sie sind im

Sechs Symbole sollen Ihnen die Orientierung in diesem Führer erleichtern:

für Marco Polo Tips – die besten in jeder Kategorie

für alle Objekte, bei denen Sie auch eine schöne Aussicht haben

für Plätze, wo Sie bestimmt viele Einheimische treffen

für Treffpunkte für junge Leute

(108/A1)
Seitenzahlen und Koordinaten für den Reiseatlas Piemont
(U/A1) *Koordinaten für den Stadtplan Turin im hinteren Umschlag*
(O) *außerhalb des Kartenausschnitts*

Diesen Führer schrieb Annette Rübesamen.
Die gebürtige Münchnerin und freischaffende Journalistin lebt in Turin und hat im Piemont ihre zweite Heimat gefunden.
Die Marco Polo Reihe wird herausgegeben von Ferdinand Ranft.

MAIRS GEOGRAPHISCHER VERLAG

MARCO POLO

Für Ihre nächste Reise gibt es folgende Titel dieser Reihe:

Ägypten • Alaska • Algarve • Allgäu • Amrum/Föhr • Amsterdam • Andalusien • Antarktis • Argentinien/Buenos Aires • Athen • Australien • Azoren • Bahamas • Bali/Lombok • Baltikum • Bangkok • Barbados • Barcelona • Bayerischer Wald • Berlin • Berner Oberland • Bodensee • Bornholm • Brasilien/Rio • Bretagne • Brüssel • Budapest • Bulgarien • Burgenland • Burgund • Capri • Chalkidiki • Chiemgau/Berchtesgaden • China • Costa Blanca • Costa Brava • Costa del Sol/Granada • Costa Rica • Côte d'Azur • Dalmatinische Küste • Dänemark • Disneyland Paris • Dolomiten • Dominikanische Republik • Dresden • Dubai/Emirate/Oman • Düsseldorf • Ecuador/Galapagos • Eifel • Elba • Elsaß • England • Erzgebirge/Vogtland • Feuerland/Patagonien • Finnland • Flandern • Florenz • Florida • Franken • Frankfurt • Frankreich • Französische Atlantikküste • Fuerteventura • Galicien/Nordwest-Spanien • Gardasee • Golf von Neapel • Gran Canaria • Griechenland • Griechische Inseln/Ägäis • Hamburg • Harz • Hawaii • Heidelberg • Holland • Holländische Küste • Hongkong • Ibiza/Formentera • Indien • Ionische Inseln • Irland • Ischia • Island • Israel • Istanbul • Istrien • Italien • Italien Nord • Italien Süd • Ital. Adria • Ital. Riviera • Jamaika • Japan • Java/Sumatra • Jemen • Jerusalem • Jordanien • Kalifornien • Kanada • Kanada Ost • Kanada West • Kanalinseln • Karibik I • Karibik II • Kärnten • Kenia • Köln • Königsberg/Ostpreußen Nord • Kopenhagen • Korsika • Kos • Kreta • Krim/Schwarzmeerküste • Kuba • Languedoc-Roussillon • Lanzarote • La Palma • Leipzig • Libanon • Lissabon • Lofoten • Loire-Tal • London • Lüneburger Heide • Luxemburg • Macau • Madagaskar • Madeira • Madrid • Mailand/Lombardei • Malaysia • Malediven • Mallorca • Malta • Mark Brandenburg • Marokko • Masurische Seen • Mauritius • Mecklenburger Seenplatte • Menorca • Mexiko • Mosel • Moskau • München • Namibia • Nepal • Neuseeland • New York • Nordseeküste: Schleswig-Holstein • Normandie • Norwegen • Oberbayern • Oberitalienische Seen • Oberschwaben • Österreich • Ostfriesische Inseln • Ostseeküste: Mecklenburg-Vorpommern • Ostseeküste: Schleswig-Holstein • Paris • Peking • Peloponnes • Pfalz • Philippinen • Piemont/Turin • Polen • Portugal • Potsdam • Prag • Provence • Rhodos • Riesengebirge • Rocky Mountains • Rom • Rügen • Rumänien • Rußland • Salzburg/Salzkammergut • Samos • San Francisco • Sardinien • Schottland • Schwarzwald • Schweden • Schweiz • Seychellen • Singapur • Sizilien • Slowakei • Spanien • Spreewald/Lausitz • Sri Lanka • Steiermark • Sankt Petersburg • Südafrika • Südamerika • Südengland • Südkorea • Südsee • Südtirol • Sylt • Syrien • Taiwan • Teneriffa • Tessin • Thailand • Thüringen • Tirol • Tokio • Toskana • Tschechien • Tunesien • Türkei • Türkische Mittelmeerküste • Umbrien • Ungarn • USA • USA: Neuengland • USA Ost • USA Südstaaten • USA Südwest • USA West • Usedom • Venedig • Venezuela • Vietnam • Wales • Die Wartburg/Eisenach und Umgebung • Weimar • Wien • Zürich • Zypern • Die besten Weine in Deutschland • Die 30 tollsten Ziele in Europa • Die tollsten Hotels in Deutschland • Die tollsten Musicals in Deutschland • Die tollsten Restaurants in Deutschland

Die Marco Polo Redaktion freut sich, wenn Sie ihr schreiben: Marco Polo Redaktion, Mairs Geographischer Verlag, Postfach 31 51, D-73751 Ostfildern

Titelbild: Langhe, Barbaresco (Schuster/Jogschies)
Fotos: Friedrichsmeier/Scope: Bowman (70); Hartmann (4, 20, 51, 60, 69, 76, 82); Jennerich (46); Jung (13, 16, 73); Kirchgeßner (74); Lade: Bav (45); Laif: Arnold (10, 66, 85); Marino (22); Mauritius: Hubatka (107), Schwarz (32); Michaelis (24); Santor (36, 59, 65, 79, 89); Schapowalow: Atlantide (80), Mader (26), Ponzio (55, 56); Schuster: Jogschies (Anreise), Waldkirch (29)

1. Auflage 1998 © Mairs Geographischer Verlag, Ostfildern
Lektorat: Nikolai Michaelis
Gestaltung: Thienhaus/Wippermann (Büro Hamburg)
Sprachführer: in Zusammenarbeit mit dem Ernst Klett Verlag für Wissen und Bildung GmbH, Redaktion PONS Wörterbücher

Printed in Germany
Gedruckt auf 100% chlorfrei gebleichtem Papier

INHALT

Entdecken Sie das Piemont!

Vielfältige Landschaften, köstliche Gaumenfreuden und eine Industriestadt, die keine ist

Goethe war vermutlich nicht der erste Italien-Reisende, der das Piemont links liegenließ; in jedem Falle war er nicht der letzte. Noch bis vor wenigen Jahren schäumte der Strom der Touristen an dieser großen italienischen Region mit geradezu beleidigender Unbeirrbarkeit vorbei. Seltsam war es zu beobachten, wie ausländische Italien-Fans unter Entzückensrufen immer tiefer in die abgelegensten Winkel des *bel paese* eindrangen, nicht einmal vor Kalabrien haltmachten und selbst Mailand schön zu finden begannen. Das Piemont aber, eine der schönsten und mit Sicherheit abwechslungsreichsten (Kunst-) Landschaften Italiens, schien auf der Landkarte des Tourismus einfach nicht zu existieren.

Einer der Gründe für die geringe Bekanntheit des Piemonts im Ausland ist sicher, daß die Region abseits der großen Einfallstraßen nach Italien liegt. »En passant«, auf dem Weg an den Adriastrand oder nach Florenz, kommt man hier nicht vorbei; das erklärt auch das Versäumnis Goethes, der bekanntlich den Weg über den Brenner wählte. Man muß sich schon eigens hinbemühen in diesen vermeintlich toten Winkel Italiens, ins Land *pedes montium,* das zu Füßen der Berge gelegene.

Von Reben umgeben: Schloß Grinzane Cavour ist Sitz des »Ordens der Ritter der Trüffel und der Weine von Alba«

Wie ein großes Halbrund umstehen die Westalpen das Piemont und prägen seine Erscheinung: vom alles überragenden Monte Rosa im Nordosten über den Gran Paradiso bis hin zu den Cottischen und Seealpen im Südwesten. An diese schließt übergangslos der Apennin an, der das Piemont vom Mittelmeer trennt. Eine schon sehr dramatische Kulisse, je nach Wetterlage geschliffen klar oder auch allenfalls schemenhaft zu erkennen, doch auf jeden Fall identitätsstiftend. Sie bildet den schönsten nur denkbaren Rahmen für das, was das Piemont nach landläufiger Meinung ausmacht: für das endlose, weinbewachsene Hügelmeer des Monferrato, für die sanfte Voralpenlandschaft um Ivrea und Biella, für die von mediterranem Flair umwehten Seen im Nordosten, ja selbst für die große, hingeplättete Po-Ebene. Denn auch der Po, der längste Fluß Italiens, ist ein Kind der piemontesischen Berge; er entspringt unterhalb des Monviso, fließt durch Turin und biegt dann ostwärts in Richtung Lombardei ab. Nur hier, nach Osten zu, öffnet sich das Land und ermöglicht in der Ebene zwischen Alessandria und Novara problemlosen Zutritt.

Solch abgeschirmte Lage hätte in der Geschichte eigentlich Schutz vor allerlei Unbill bieten sollen. Doch das Gegenteil war der Fall. Schließlich gab es Pässe über die Alpen, und die wurden seit Hannibals Zeiten immer wieder von Kriegsheeren überschritten. Während der Völkerwanderung war Piemont beliebtes Etappenziel von Hunnen, Goten und Langobarden; etwas später verwüsteten die vom französischen Mittelmeer heraufgekommenen Sarazenen das Land. Mit dem allmählichen Machtgewinn der aus Frankreich über die Berge gekommenen Fürsten von Savoyen ging es erst richtig los, und Piemont durchlebte über Jahrhunderte hinweg das Schicksal eines großen europäischen Kriegsschauplatzes.

Mittlerweile ist Ruhe eingekehrt. Kriegsheere kommen seit dem Ende des Zweiten Weltkrieges nicht mehr vorbei, aber sonst eben auch kaum jemand. Selbst den Italienern ist diese westlichste und nach Sizilien zweitgrößte Region ihres Landes mit rund 4,5 Millionen Einwohnern bis heute relativ fremd geblieben. Dabei handelt es sich zumindest wirtschaftlich um eines der Filetstücke Italiens; hier wird hart gearbeitet und ordentlich produziert – sei es bei Fiat in Turin, bei Olivetti in Ivrea, bei Ferrero in Alba oder in den Textilfabriken rund um Biella. Die traditionsreichsten Unternehmerfamilien Italiens sind alle reinsten piemontesischen Blutes: Agnelli und De Benedetti, Cerruti und Einaudi. Und Turin ist mit knapp einer Million Einwohnern die viertgrößte Stadt Italiens. Woher also dieses distanzierte Verhältnis zwischen »Italien« und Piemont, Turin vor allem?

Werfen wir noch einen Blick zurück in die Geschichte. Piemont ist die Region, die am meisten zum Einigungsprozeß Italiens in der Mitte des letzten Jhs., dem *Risorgimento,* beigetragen hat. Doch während die Piemontesen mit Feuer und Flamme bei der Sache waren, konnte man sich andernorts auf dem Stiefel weder für die Idee eines vereinigten Königreichs noch für die eifrigen Nordlichter aus Turin besonders begeistern. Das Verhältnis wurde durch die »Hauptstadtfrage« nicht besser. Nachdem Turin von 1861 an vier Jahre lang und zum Leidwesen zentralerer Regionen wie Emilia und Toskana stolz als Hauptstadt des italienischen Königreiches geglänzt hatte, entzog man ihm den wohlverdienten Rang (neue *capitale* wurde Florenz) und ließ es als Hauptstadt einer abgelegenen Westprovinz desillusioniert zurück. Von diesem Schock, heißt es, hat sich die Stadt bis heute nicht erholt.

Turin, die Millionenstadt am Po, ist eine ernsthafte Stadt und entspricht damit ganz dem piemontesischen Charakter: introvertiert, arbeitsam, zurückhaltend und diszipliniert. In Turin dominieren rechtwinklige, wie mit dem Lineal angelegte Straßenzüge (ein Relikt aus Römerzeiten), ockerfarbene Bürgerpaläste, lange Kastanien- und Lindenalleen. Auf nahezu jedem Platz steht ein in Bronze gegossener Held. Erstbesucher fühlen sich durch das Stadtbild meist mehr an Paris als an Rom erinnert, von Neapel ganz zu schweigen! Turin beschert ein völlig neues Italienerlebnis. Turin flirrt und flittert nicht und biedert sich niemandem an. Das wäre erstens unpiemontesisch und ist zweitens auch gar nicht nötig – schließlich war man einmal savoyische Residenz und italienische Hauptstadt. Um Turin zu begreifen, darf man nicht nach vordergründigen Reizen suchen. Man muß bei Regen oder, besser noch, bei Nebel durch die kilometerlangen Arkaden spaziert sein, muß den vornehmen, zurückgenommenen Barock seiner Kirchen und Paläste auf sich wirken lassen und mindestens eine Stunde in einem der alten, stuck- und spiegelbesetzten Kaffeehäuser gesessen haben. Dann freilich werden einen die elegante Schönheit und der disziplinierte Geist Turins erobert haben und – wie es nun einmal ist, wenn man sich ernsthaft verliebt – so bald nicht mehr loslassen.

Turin-Touristen kehren oft mit dem großartigen Gefühl nach Hause zurück, auf einer Europareise noch eine echte Entdeckung gemacht zu haben: »Turin ist ja eine wirklich schöne Stadt! Haben Sie das gewußt? All dieser Barock, und dann die hinreißende Lage vor den Bergen ...« Wohl kaum eine andere Stadt Italiens wird a priori mit so viel Mißtrauen bedacht wie Turin. Jeder meint zu wissen, was ihn erwartet: Klein-Detroit am Po. Graue Industrieviertel, Stadtautobahnen, giftige Luft und Menschen, deren trostloses Dasein allein ein von Juventus gewonnenes Fußballspiel zu erhellen vermag. Natürlich gibt es Industrie in Turin – in den Vororten. Doch die sehen in Mailand und Rom keinen Deut einladender aus. Aber es gibt auch unzählige Buchhandlungen, die beste Schokolade Italiens und eine springlebendige Jugendkultur, die alte Fabrikruinen mit neuem Leben erfüllt.

Wer sich auf Turin einläßt, wird mit überraschenden Eindrücken reich belohnt. Auch mit dem, daß Turin an echten Turinern ärmer ist, als er wahrscheinlich gedacht hat. Die Mehrzahl der Einwohner stammt – in erster, zweiter oder dritter Generation – aus Apulien, Kalabrien, Sizilien. Aus dem armen *Mezzogiorno* eben, dem schier unerschöpflichen Arbeitskräftereservoir der florierenden Fiat-Industrie. Der Zustrom von Hunderttausenden arbeitswilligen Süditalienern stellte die Stadt von den dreißiger Jahren an vor das große Problem der Integration. Viele Soziologen (und noch mehr Laien) bezweifeln, daß sie gelungen sei. In der Tat neigen auch heute noch die beiden »Parteien« keineswegs dazu, sich froh zu vermischen. Die echten Turiner rümpfen die Nase über die *meridionali* samt ihren rustikalen Vornamen und feuern die Spieler von AC Torino an, während die Zugewanderten Dauerkarten für Juventus haben und gar nicht daran denken, *bagna caoda* zu essen und sich das leidenschaftslos hingenuschelte »r« der Einheimischen anzugewöhnen.

Turin ist freilich nur eine Facette im vielgestaltigen Auftritt Piemonts. Doch es profitiert davon, daß seit einigen Jahren immer mehr Italienreisende von den Haupttrampelpfaden des Tourismus abzweigen und geradezu gezielt das Piemont ansteuern. Grund dafür ist jedoch nicht etwa eine schick aufgemotzte touristische Infrastruktur, sondern eher eine neue epikureische Geisteshaltung vor allem in Mittel- und Nordeuropa, die es ermöglicht, daß die vom Piemont seit jeher ausgesandten kulinarischen Signale besser empfangen werden. Der durchdringende Duft weißer Trüffeln, das elegante Bouquet alter Rotweine, das kräftige Aroma eines reifen Castelmagno-Käses – was auch immer aus den Landschaften des Piemont an Wohlgerüchen aufsteigt, wird jenseits der Grenzen als Beleg für die Existenz eines Genießerparadieses genommen. Und diejenigen, die – vielleicht toskanamüde geworden – die Probe aufs Exempel machen, entdecken überrascht, daß auch sonst alles stimmt im Land am Fuße der Berge.

Es ist ein weit ausgedehntes, in jeder Hinsicht heterogenes Land, das so schnell keine Langeweile aufkommen läßt. Im Norden reicht es an Zentraleuropa heran, im Süden berührt es beinahe das Mittelmeer. In den Alpentälern leben deutschsprachige Walser und Provenzalen. Das Piemont vereinigt den Fortschrittsglauben von Italiens Silicon Valley um Ivrea mit dem Traditionalismus des Schafhirten in der Val Maira. Von der Vielfalt der Landschaften gar nicht erst zu reden! Da sind Monferrato und Langhe, die man »das Meer der tausend Hügel« genannt hat. Hier schlägt das Herz des Piemont, auf diese Landschaft gründet sich sein Ruf in der Welt. Nichts als Hügelkuppen und Täler und wieder Hügel, bunt getupft mit Weinbergen und Wiesen, Äckern und Buschwerk. Auf den Hügelspitzen sitzen mittelalterliche Dörfer, eng herumgebaut um meist barocke Pfarrkirchen und erstaunlich viele Burgen und Befestigungen.

Dann die Ebene, vom Po durchzogen, Italiens mächtigstem Fluß, ein stilles Land von herbem, aber doch spürbarem Charme: Man muß gesehen haben, wie sich die Sommerwolken in den endlos sich wiederholenden, unter Wasser stehenden Reisfeldern spiegeln, man muß die Behäbigkeit der langgezogenen Dörfer kennengelernt haben. Die Alpen: Mauergleich, ohne durch Vorberge abgemildert zu werden, wachsen sie im Westen direkt aus der Ebene und bis auf rund 4000 m hoch, ein unvergeßliches Bild. Dazwischen die Alpentäler: tief eingeschnitten, schluchtartig und eng. Und schließlich die Seen im Nordosten, Lago di Orta und Lago Maggiore. Auch das ist Piemont: Hier schlägt üppig prunkende mediterrane Vegetation den Besucher in ihren Bann, locken die schönsten Gärten, Villen und Parks. Palmen rascheln leise im Wind, und je nach Saison blühen gar die Zitronen. Wer will da noch nach Sizilien? Goethe hätte es wirklich bequemer haben können.

Geschichtstabelle

7. Jh. v. Chr.
Ligurische Einwanderer – »taurini« genannt – siedeln im Piemont

4. Jh. v. Chr.
Keltische Insubrer wandern ein und vermischen sich mit den Ligurern

218 v. Chr.
Karthagerfürst Hannibal zieht durch Piemont

25 n. Chr.
Der römische Kaiser Augustus schickt Soldaten ins ferne Nordwestitalien, um die Hauptverbindungswege nach Gallien zu sichern. Die Soldaten gründen u.a. Turin, Asti, Susa und Ivrea als Militärsiedlungen

3.–6. Jh.
Piemont als Schauplatz der germanischen Völkerwanderung: Hunnen und Ostgoten, Westgoten und Langobarden kommen und gehen, hinterlassen aber keine bleibenden Spuren

951
Die Staufer unter König Otto I. unterwerfen Oberitalien

10. Jh.
Die Sarazenen fallen ins Piemont ein und plündern und verwüsten die ganze Region

1033
Die französische Grafschaft Savoyen erwirbt durch Heirat die Markgrafschaft Turin dazu

1416
Savoyen wird Herzogtum

1560
Die Savoyer verlegen ihre Hauptstadt von Chambéry nach Turin

1718
Als Anerkennung ihrer Leistungen im Spanischen Erbfolgekrieg erhalten die Savoyer die Königswürde zugesprochen

1802
Napoleon besetzt Piemont – für zwölf Jahre

1850
Piemont mit seinem König Vittorio Emanuele II und Außenminister Cavour wird zum Wegbereiter der italienischen Einigung

1861
In Turin wird das Königreich Italien ausgerufen. Turin ist für vier Jahre Hauptstadt Italiens

1899
Giovanni Agnelli gründet Fiat

1922
Faschistenführer Benito Mussolini übernimmt die Regierung

1946
Nach dem Volksentscheid für die Republik geht die savoyische Königsfamilie ins Schweizer Exil

1994
Die schlimmsten Überschwemmungen seit 80 Jahren verwüsten Teile der Provinzen Asti, Alessandria und Cuneo

Barock und Barolo, Reis und Risorgimento

Und immer wieder Nebel: alles, was Land und Leute ausmacht

Barock

Bewegte Linien, geschwungene Formen und reiche Ornamentik zeichnen den Barock als Baustil des 16. und 17. Jhs. aus. Dieser Baustil hat im Piemont einen besonders fruchtbaren Nährboden gefunden und dort auch ganz spezifische Eigenarten entwickelt. Ein Dankeschön dafür an die Herzöge von Savoyen! Denn die verlegten Mitte des 16. Jhs. ihre Residenz von Chambéry nach Turin und sparten nicht, als es darum ging, die neue Hauptstadt standesgemäß und im neuen Stil herauszuputzen. Als im 17. Jh. Piemont dann Königreich wurde, verbreitete sich der Barock in die Provinz und eroberte Städte wie Asti, Alba, Casale und Cuneo. Aber auch in nahezu jedem Dorf des Monferrato prangt unübersehbar eine Barockkirche, wobei anzumerken ist, daß sich der piemontesische Barock – dem Charakter der Einheimischen entsprechend! – durch wohltuende Disziplin auszeichnet. Statt trompeteblasender Putten fallen die dunklen, unverputzten Backsteinfassaden auf. Keine Sparmaßnahme, sondern ein Stilmittel, das den bewegten Linien des Barock eine gewisse Geschlossenheit verleiht und allzu Ausuferndes bändigt. Namen, die man sich im Zusammenhang mit dem barocken Piemont merken sollte, sind Carlo und Amadeo Castellamonte, Guarino Guarini, Filippo Juvarra und Benedetto Alfieri.

Barolo

Er hatte seine Liebhaber, zweifellos, auch Carlo Alberto von Savoyen gehörte dazu. Der König ließ sich im letzten Jahrhundert täglich ganze Wagenladungen des edlen Tropfens in die Turiner Residenz schaffen, doch die meisten Weinexperten beurteilten den Barolo noch bis vor einigen Jahren eher ablehnend: zu schwer, zu schwierig, zu anspruchsvoll. Eine internationale

Beim Barolo wird die Lese zur Auslese

Karriere mochte dem tanninreichen Roten aus dem Südpiemont keiner zutrauen. Inzwischen gilt der Barolo vielen als die absolute Nummer eins unter den italienischen Weinen. Was ist geschehen? Junge Winzer, überzeugt von der Kraft und dem Potential dieses aus der Nebbiolo-Traube gewonnenen Weines, haben sich von der ausländischen Konkurrenz inspirieren lassen und arbeiten nun nach neuen Prinzipien: bewußt niedrig gehaltene Erträge, kürzere Gärzeiten und kleine Holzfässer für das Heranreifen des Weines. Mit erstaunlichem Ergebnis. Die Barolo verloren ihre Härte, wurden elegant und rund und avancierten schnell zum Modetropfen in den eleganten Restaurants der ganzen Welt. Im Piemont aber, besser noch gleich direkt in seiner Heimat, den elf Gemeinden rund um das 600-Einwohner-Dorf Barolo bei Alba, schmeckt der gehaltvolle »Königswein« nach wie vor am besten.

Grissini

Einer der Inbegriffe italienischer Restaurantkultur kommt – wer hätte es gedacht? – aus Turin. Maßgeblich schuld an seiner Erfindung war der kleine Prinz Vittorio Emanuele II, ein schwächliches und stets kränkelndes Savoyer Königskind, das das frische, aber schwer verdauliche Brot nicht vertrug. Sein Leibarzt forderte deshalb die Turiner Bäcker auf, leichte (und schmackhafte) Alternativen zu entwickeln. Einer von ihnen erfand schließlich die *grissini* genannten, fingerdünnen Brotstangen, die dem Prinzen dem Vernehmen nach bestens bekamen. Und nicht nur ihm! Nach den *grissini* ist mittlerweile ganz Italien süchtig. Doch gilt es zu beachten, daß die industriell gefertigten, abgepackten *grissini,* die in vielen Restaurants vor allem außerhalb Piemonts ausliegen, mit dem Original nicht viel gemeinsam haben. Ein echter *grissino* wird von Hand gezogen, ist entsprechend unregelmäßig und bis zu einem Meter lang. Außerdem kauft man *grissini* möglichst nicht im Supermarkt, sondern frisch in der Bäckerei – wie Brot eben.

Nebel

Im Oktober geht es los: Wo man sich in anderen voralpinen Regionen glänzender Fernsicht erfreut, legt sich im Piemont dichter Nebel über Stadt und Land. Schuld ist die Po-Ebene, dieses gewaltige Feuchtgebiet mit seinen Kanälen und Bewässerungsgräben, aus denen bei sinkenden Temperaturen die gefürchteten Schwaden aufsteigen. Oft ist der Nebel so stark, daß man die Häuser auf der anderen Straßenseite nicht mehr sieht, was besonders im Straßenverkehr zu erheblichen Beeinträchtigungen führt. Der Nebel hat aber auch seine positiven Seiten: Er verhilft, so heißt es, dem Wein zu besonderem Wohlgeschmack. Und er prägt das mystische Landschaftsbild des Monferrato. Außerdem dauern Nebelperioden selten länger als ein paar Tage. Dann herrscht wieder schönster Sonnenschein – und klare Sicht bis zu den Gipfelketten der Westalpen. Grundsätzlich ist das Klima im Piemont gemäßigt. Die Winter sind kurz, feuchtkalt und in der Ebene meist schneefrei, im Som-

Ein Barolo in Barolo: In der enoteca des Schlosses darf auch gekostet werden

mer legt sich oft drückende Schwüle über das Flachland.

Piemont-Kirsche

Es muß leider gesagt werden: Die berühmte »Piemont-Kirsche« kennt im Piemont keiner. Kirschen werden zwar angebaut – vor allem in Pecetto oberhalb Turins –, doch in eher bescheidenen Mengen. Und was den Geschmack betrifft, so greift wohl auch der patriotischste Piemontese lieber zu den knackig-festen *duroni* aus der Emilia. Höchste Reputation genießt dagegen die Piemonteser Haselnuß *tonda gentile* (die »edle Runde«). Sie wird in den Hügeln der Alta Langa um Cortemilia herum kultiviert und verdrängt dort dank ihres Erfolges auf dem Weltmarkt bereits die Weinstöcke. Großabnehmer der wohlschmeckenden »Piemont-Nuß« ist ein großer Süßwarenhersteller aus Alba, der damit unter anderem eine auch im Ausland sehr beliebte, kalorienreiche Nuß-Nougat-Creme anrührt. Was die Frage aufwirft, wieso der Hersteller das Piemont-Prädikat werbemäßig nicht bei der Nuß zum Einsatz kommen läßt. Da paßt es nämlich viel besser als zur Kirsche.

Reis

Fruchtbar war die Po-Ebene immer schon gewesen, und als die Zisterziensermönche im Mittelalter die ersten Reispflänzchen setzten, wurde ihr Pioniergeist mit reicher Ernte belohnt. Daß die Ebene um Vercelli und Novara mittlerweile als größtes Reisanbaugebiet Europas bezeichnet werden kann, bedurfte technischer Nachhilfe: Ein ausgeklügeltes Bewässerungssystem (erdacht unter anderem von Cavour) lenkt die Wassermassen der Gebirgsflüsse Sesia und Dora Baltea in ungezählte kleine Kanäle. Diese überfluten gezielt die rechteckigen, zwischen Erdwällen angelegten Reisfelder. Im Frühjahr werden die Reiskörner ausgesät, und etwa bis Juni stehen die Felder unter Wasser. Das Bild, das die Ebene dann bietet, ist einmalig: unendlich sich wiederholende Wasserkarrees, auf denen zartes Grün zu schwimmen scheint. *Mare Padania* nennen die Einheimischen stolz diese Erscheinung, das Meer der Po-Ebene. Doch so stimmungsvoll sich die Reisfelder auch ausnehmen – die Arbeit darin war bis vor 50 Jahren eine brutale Plackerei. Der Film »Bitterer Reis«, gedreht 1949 mit Silvana Mangano, erzählt das harte Leben der *mondine,* der hauptsächlich aus dem Veneto kommenden Gastarbeiterinnen, die bis zu den Knien im Wasser im Akkord Unkraut ausrissen. Inzwischen werden Traktoren und Herbizide eingesetzt.

Risorgimento und Lega Nord

Wer Giuseppe Tomasi di Lampedusas Roman »Der Leopard« gelesen hat, weiß Bescheid: Die Piemontesen waren die treibende Kraft hinter Garibaldis Rothemden, steuerten die Eroberung Siziliens und Neapels. Tatsächlich wäre das italienische *Risorgimento,* die Entstehung eines italienischen Nationalstaates, ohne Piemont kaum möglich gewesen. König Vittorio Emanuele II warf 1859 im Verein mit Napoleon III. die Österreicher aus der Lombardei; sein Außenminister Graf Camillo Benso di Cavour, ein glänzender Staatsmann, schloß die Toskana und die Emilia an, und Freischärler Giuseppe Garibaldi holte Sizilien und Neapel dazu – in eigener Regie, wie es nach außen hin scheinen mochte (und sollte), in Wahrheit aber doch geschickt gelenkt von der piemontesischen Regierung. So wundert es nicht, daß die erste Hauptstadt des am 17. März 1861 ausgerufenen Königreichs Italien Turin wurde. Zum Leidwesen der Turiner blieb der Stadt diese Ehre jedoch nur vier Jahre vergönnt. Dann zogen Parlament und Verwaltung über Florenz nach Rom weiter. Allerdings hat die Begeisterung der Piemontesen für »ihr« *Risorgimento* sowieso stark nachgelassen. Das Gefühl der Unvereinbarkeit ihrer Kultur mit der des Südens sowie der Verdacht, ihre hart erarbeiteten Steuergelder würden stets nur den mafiosen und faulen *meridionali* in den Rachen geworfen (natürlich ohne sichtbare Ergebnisse), haben auch im Piemont zahlreiche *leghisti* hervorgebracht. So heißen die Anhänger der von Umberto Bossi 1982 gegründeten Lega Nord, die die Abspaltung Norditaliens (»Padania«) vom Rest der Republik fordert. Doch so laut in Norditalien auch über die beschwerliche Last des Südens gejammert wird: Eine weniger radikale Lösung als die von Bossi proklamierte – beispielsweise ein Föderalstaat mit mehr Rechten und Kompetenzen der Regionen und Provinzen – wäre den meisten Piemontesen denn doch sympathischer.

Sacri Monti

Nach dem Trienter Konzil 1564 kam Bewegung in die katholische Kirche. Dem wachsenden Einfluß der Protestanten wollte man nicht länger tatenlos zusehen. Als besonders erfinderisch in Sachen Gegenreformation zeigte sich der Mailänder Erzbischof Carlo Borromeo. Er ließ vier *Sacri Monti* errichten, Wallfahrtsstätten im Gebirge mit bis zu 54 Kapellen, in denen auf volkstümliche und leicht faßbare Weise jene Eckpfeiler katholischer Dogmatik dargestellt wurden, die die ketzerischen Protestanten so energisch bestritten: Marienkult und Heiligenverehrung. Lebensgroße Figuren, vor freskiertem Hintergrund zu theatralischen Szenen zusammengestellt, sollten den Betrachter von der Wahrhaftigkeit des katholischen Glaubens überzeugen. Drei der vier »heiligen Berge« stehen im nordöstlichen Piemont. Warum? Das Land galt als erste wichtige Bastion im Kampf gegen das aus dem deutschen Sprachraum heranschleichende Protestantenübel.

Savoyer

Das Geschlecht, das 1861 den ersten italienischen König stellte, fing klein an: Im Jahr 1000 erhielt ein gewisser Umberto Biancamano die im französischen Gebirge gelegene Grafschaft Savoyen zugesprochen. Seine Nachfahren erheirateten Teile des Piemonts dazu, blieben diesseits der Alpen jedoch lange machtlos und unbeliebt. 1560 machten sie Turin zu ihrer neuen Hauptstadt. Die ehrgeizigen Herzöge wollten den provinziellen Charakter Piemonts und ihrer eigenen Dynastie vergessen lassen und errichteten glanzvolle Prunkbauten und Schlösser in und um Turin. Doch es muß eine unschöne Periode gewesen sein: Die Savoyer, erzkatholisch und absolutistisch bis ins Mark, regierten ihr Land mit harter Knute. Wenn sie nicht im Krieg mit anderen Fürstenhäusern lagen, so stritten sie sich untereinander. Nur wenige Savoyer gingen als positive Figuren in die Geschichte ein, darunter Amadeo VI (1343–1383), der Piemont flächenmäßig stark erweiterte. Und Vittorio Emanuele II (1820 bis 1878), bekannt als Freund der Frauen und der Jagd, kommt immerhin das Verdienst zu, die Einigungspolitik seines Ministers Cavour nicht behindert zu haben. 1946, nachdem sich die Italiener für die Republik entschieden hatten, wurden die Savoyer des Landes verwiesen und gingen ins Exil in die Schweiz. Derzeit denkt das italienische Parlament darüber nach, ihnen die Landesgrenzen wieder zu öffnen.

Trüffeln

»Tuber magnatum« heißt sie botanisch-korrekt, doch Fans und Feinschmecker nennen sie liebevoll die »weiße Alba-Trüffel«. Die Rede ist von Piemonts wertvollstem Agrargut, einem stark duftenden – oder auch penetrant stinkenden, das ist Ansichtssache – Knollenpilz, dessen Wert (um 2000 Mark pro Kilo) vor allem in seiner Seltenheit begründet ist. Er gedeiht nur in den Hügeln der Langhe. Er wächst, im Erdreich versteckt, in Symbiose mit den Baumwurzeln der Eiche, der Linde, der Pappel oder auch der Weide, und entsprechend schwer ist er zu finden. Trüffelzeit ist ab Oktober bis in den späten Winter. Oft schon nachts ziehen die *trifolau* mit ihren eigens abgerichteten Hunden los, die kostbare Ernte einzubringen. Dann erfüllt der intensive Duft des *tartufo bianco* wochenlang die Restaurants und Trattorien des Piemont. Hauchdünn wird er über frische *tajarin* gehobelt, über Robiola-Käse oder über ein Spiegelei, einfache Gerichte, denen damit zu höchstem Wohlgeschmack verholfen wird. Zum Glück genügen wenige Gramm!

Und obendrauf gibt's Trüffeln!

Slow food heißt die Devise im Land der duftenden Knolle

Zum Pizzaessen kann man natürlich auch ins Piemont fahren; zumindest in Turin wird man der vielen »Einwanderer« aus Neapel wegen ein paar ganz gute Adressen finden. Eigentlich aber steht Piemont für das genaue Gegenteil der Pizzakultur, des Fast food all'italiana: für gemächliches Schlemmen. Das mag daran liegen, daß das Piemont ein Weinland ist. Und wo Wein angebaut wird, wird immer auch gut und gern gegessen. Aber auch die anderen Gaben der Natur, die auf diesem gesegneten Stück Erde gedeihen, werden ihren Beitrag geleistet haben. Was soll man denn angesichts von weißen Trüffeln und Steinpilzen, frischen Beeren und köstlichen Haselnüssen, zartem piemontesischem Rindfleisch und ungeahnter Käsevielfalt auch anderes tun, als gut damit zu kochen?

Die piemontesische Küche ist gehaltvoll, bodenständig und bisweilen deftig, und man schmeckt die bäuerlichen und alpinen Grundlagen heraus. Vor allem aber ist sie eine Küche, die keine Hektik verträgt, weder in der Zubereitung noch beim Verzehr. Man muß sich Zeit nehmen, und das tun die Piemontesen, denn sie sind ihrem disziplinierten und kühlen Charakter zum Trotz große Genießer. Gutes Essen und Trinken ist immer ein Thema, und daß die »Slow-Food«-Bewegung, deren Ziel die Wiederbelebung der genußvollen Eßkultur ist, 1986 ausgerechnet im Piemont gegründet wurde, ist bestimmt kein Zufall.

Ich möcht' so gern an Trüffeln schnüffeln: Ein glücklicher trifolau hat soeben einen veritablen Schatz gehoben

Um die echte piemontesische Küchenkultur kennenzulernen, begibt sich der Reisende am besten an einem Sonntagmittag in ein gutes, ländliches *ristorante* und nimmt dort in den folgenden drei Stunden das *pranzo* ein. Normalerweise wird er außer dem Wein nichts bestellen müssen, denn sonntags gilt oft, daß gegessen wird, was auf den Tisch kommt. Und das sind zuerst einmal die *antipasti,* die Vorspeisen. Weniger als vier sind es nie; manchmal werden gar zehn und mehr serviert. Jede Vorspeise kommt einzeln auf den Tisch; den Anfang machen die kalten. Das kann gepfefferter *lardo* sein, fetter Speck, *carne cruda,* gehacktes, rohes Kalbfleisch, das mit etwas Zitrone und Olivenöl gewürzt wird, gefolgt vielleicht von *tomini al verde,* kleinen Frischkäsen in Kräutersauce, und *peperoni con bagna caoda,* Paprikaschoten mit heißem Knoblauch-Sardellen-Öl. Unter den warmen *antipasti* berühmt: *caponèt,* gefüllte Zucchiniblüten, oder *fonduta,* eine warme Käsecreme, über die, wenn es die Wirte gut mit ihren Gästen meinen, ein paar Trüffelspäne gehobelt werden. Ein Genuß, der in all seiner Einfachheit kaum zu überbieten ist!

Auch in Piemont ist der ganze Stolz einer Köchin ihre handgemachte Pasta, und so werden beim großen Sonntagsessen nach den *antipasti* dann oft gleich zwei *primi* gereicht. Typisch piemontesisch sind *agnolotti,* eine Ravioliart, die entweder mit Bratenresten gefüllt sind oder *al magro,* mit Kräutern und Ricotta. Ebenso typisch sind die *tajarin,* frische Bandnudeln. Das Geheimnis ihres Wohlgeschmacks liegt in der Zahl der verwendeten Eier. Keiner Köchin, die auf sich hält, würde es einfallen, weniger als 20 Eigelb auf ein Kilo Mehl zu nehmen! Auch *risotti* sind beliebt, schließlich ist in der Gegend um Vercelli der Reis zu Hause.

Piemont-Neulinge dürften in diesem Stadium der Mahlzeit bereits ermattet das Besteck fallen lassen; Fortgeschrittene aber freuen sich auf den Hauptgang. Das kann ein *coniglio all'arneis* sein, ein in trockenem Weißwein gegartes Kaninchen, oder ein *brasato al barolo,* ein Rinderbraten, der stundenlang im edelsten Rotwein des Piemont geschmort wurde. Als Beilage gibt es traditionell *polenta,* dicken Maisgrießbrei, und ein paar gedünstete Gemüse. Höhepunkt der piemontesischen Küche aber ist das *bollito misto,* das gemischte Siedfleisch. Das klassische Rezept sieht drei mal sieben Bestandteile vor: sieben Stücke vom Mastochsen (Brustspitz, Brustkern, fettes und mageres Rippenstück, Wadschenkel, Schulter und Nuß), sieben andere Fleischstücke (unter anderem Ochsenschwanz und -zunge, Kalbskopf, Huhn und Fleischbällchen) und sieben Gemüsebeilagen. Vor den Augen des Gastes wird das Fleisch aufgeschnitten und mit drei aromatischen Saucen serviert: *bagnet verd* (aus Kräutern, Kapern und Brotbröseln), *bagnet ross* (scharf, auf Tomatenbasis) und die köstliche, wenngleich gewöhnungsbedürftige *cognà,* deren Zutaten – Weintrauben, Birnen, Quitten und Nüsse – an eine Marmelade denken lassen.

Mindestens so berühmt wie das *bollito misto,* aber noch origineller ist die *finanziera,* ein Innereienragout, das im letzten Jahrhundert das Lieblingsgericht der Turiner Finanzbeamten gewesen sein soll. Neben Nierchen, Hirn, Bries und in Öl eingelegten Steinpilzen sieht das Originalrezept auch Kalbshoden und Hahnenkämme vor – ein Tip für entdeckungsfreudige Esser!

Im Winter, wenn es draußen kalt, neblig und ungemütlich ist, versammeln sich die Piemontesen gerne um einen Tisch und essen *bagna caoda.* Was übersetzt nichts anderes als »heißes Bad« bedeutet, ist eine köstliche und deftige, wenngleich schwerverdauliche Sauce, die aus eingesalzenen Sardellen, Knoblauch und

Olivenöl besteht. Man hält sie auf einem Rechaud heiß und taucht rohe und gekochte Gemüse hinein – Kartoffeln und Topinambur, Karotten und Sellerie, Zwiebeln und Paprikaschoten oder auch Karden, eine im Piemont gern gegessene Verwandte der Artischocke. Dazu muß der Wein fließen. Nichts ist geselliger als ein *Bagna-caoda*-Essen, allerdings nicht mehr am Tag danach: Da sollte man seiner Knoblauchfahne wegen höflicherweise nicht aus dem Haus gehen.

Zum Abschluß eines Mahles kommen Käseteller im Piemont nur selten vor – leider! Denn es gibt hervorragende Produkte; die meisten kommen aus der gebirgigen Provinz Cuneo. Der *murazzano* (auch *toma* oder, wenn er sehr jung ist, *robiola* genannt) ist ein kleiner Käserundling aus Schafs- und Kuhmilch. Aus dem Sesiatal kommt der *gorgonzola* und aus dem Granatal der *castelmagno.* Er ist der König der piemontesischen Käsesorten: hart und bröselig, würzig und auch ein bißchen streng im Geschmack.

Ist noch Platz für ein *dolce?* Aus den Haselnüssen der Langhe werden herrliche Nußkuchen bereitet, die mit *zabaione* serviert werden, der echten Turiner Weinschaumcreme. *Bonet* ist ein aus *amaretti,* Mandelmakronen, hergestellter Pudding; er gilt als das piemontesische Dessert schlechthin. In der Karnevalszeit stehen oft *bugie* auf der Karte, ein trockenes Schmalzgebäck.

Was über die hohe Eßkultur der Region gesagt wurde, gilt nicht minder für die des Trinkens: Das Piemont zählt zu den besten Weinanbaugebieten der Welt, liegt jedoch, was den Ertrag betrifft, selbst innerhalb Italiens auf den hinteren Rängen. Das rührt daher, daß hier fast nur Qualitätsweine gekeltert werden, allen voran *Barolo* und *Barbaresco,* die beiden Spitzenerzeugnisse der piemontesischen Weinberge. Beide werden aus der Nebbiolo-Traube gewonnen und sind schwere, anspruchsvolle Rotweine, deren Genuß einer gewissen Kennerschaft bedarf. Mit großer Sympathie betrachtet die Weinwelt inzwischen auch den *Barbera,* eine Rebsorte, die 50 Prozent der Anbauflächen bedeckt und lange Zeit unter ihrem billigen Supermarktimage litt. Mittlerweile gibt es aber eine Reihe sehr guter, intensiver DOC-Barberas, vor allem aus Alba, Asti und dem Monferrato. Der klassische piemontesische Tischwein ist der *Dolcetto,* der zwar süß klingt, aber ganz anders schmeckt: Er ist trocken, dabei aber harmonisch und mild. *Ghemme* und *Gattinara* sind Nebbiolo-Verschnitte und etwas unkomplizierter als der Barolo, und auch der leichte, erfrischende *Grignolino* ist einen Versuch wert.

Der Weißwein spielt eine untergeordnete Rolle in Piemonts Weinbergen; am bekanntesten ist der *Gavi* aus dem gleichnamigen Gebiet im Südosten der Region, ein trockener und gleichzeitig fruchtiger Wein. Größter Beliebtheit erfreuen sich dagegen süße Schaumweine, allen voran der *Moscato d'Asti* und der *Asti Spumante,* die zum Dessert getrunken werden. Keine Sorge: Was wir aus deutschen Supermarktregalen kennen, hat mit den in Piemont meistens angebotenen Qualitätsweinen so gut wie nichts zu tun!

PICCANTE
SALAME
SOLO 2600
COTECHI
«MAGROLINO»
DELLE LANGHE
-LATTE MUCCA
PREGIATO
L'ETTO
-PICCOLA PRODUZIONE!!
Il vero
«Boscaiolo»
PER INTENDITORI
RAFFINATO
NATURALE
SOLO
2300
TOMA
BIANCA
TOMA
PEPERONCINO

Erinnerungen für den Gaumen

Stippvisite beim Weinbauern und Stop-over bei Alessi

Es muß ja nicht gleich ein neuer Fiat sein – auch an handlicheren Erinnerungsstücken bietet das Piemont reiche Auswahl. Typisch für die Region sind natürlich kulinarische Souvenirs und Mitbringsel. Mit einer kleinen, weißen *Alba-Trüffel,* für den Transport in ein reisgefülltes Schraubglas eingelegt, erleichtert man zwar spürbar das eigene Portemonnaie, bereitet aber garantiert große Freude. Auch *Weine* lassen sich trefflich einkaufen – ob edler Barolo oder fruchtiger Grignolino, süffiger Dolcetto oder lieblicher Moscato d'Asti. Mehr Spaß macht es, statt im Supermarkt direkt beim Weinbauern zuzuschlagen, wo man den Wein vorher auch probieren darf.

Piemont und vor allem Turin sind ein Dorado für süße Schleckermäuler. In der Hauptstadt kauft man die besten *Pralinés* Italiens ein oder aber köstliche *gianduiotti,* kleine Nougatstückchen, die auf der Zunge zergehen. Aus dem Südpiemont kommt der berühmte *torrone,* ein Plombenzieher, der aus den köstlichen piemontesischen Haselnüssen, aus Zucker, Honig und Eiweiß hergestellt wird.

Käse, Wurst und Wein: Leibliche Genüsse sind das ideale Mitbringsel

Haltbarer als Süßigkeiten sind die *Holzschnitzereien* der Bauern aus dem Sesiatal wie Mörser und andere praktische Küchengeräte. In Castellamonte bei Ivrea hat die *Keramikbrennerei* eine lange Tradition; neben eher sperrigen Kachelöfen wird auch sehr hübsches Geschirr hergestellt. Apropos Küchenzubehör: Alles, was den Namen Alessi trägt, ist ein typisch piemontesisches Souvenir. Denn in Crusinallo bei Omegna am Nordende des Lago d'Orta ist der Sitz der berühmten Kochtopffabrik.

Alessandria ist Heimat des weichen *Borsalino-Hutes,* der traditionellen Kopfbedeckung der Leinwandmafiosi. Als »Stadt des Goldes« gilt das nahe Valenza Po. Hier arbeiten zahlreiche Goldschmiede, deren *Gold- und Edelsteinschmuck* vor Ort vergleichsweise günstig einzukaufen ist. In Biella, der traditionsreichen Textilstadt, kann man herrliche *Stoffe* erwerben (z.B. Kaschmir von Lore Piana) und in der Valsesia *Spitzen- und Häkelwaren* nach Walsertradition.

Orangenschlacht und Eselrennen

Auch bei den Festen geht es kulinarisch zu – nicht nur beim »Wettbewerb der Dicken«

OFFIZIELLE FEIERTAGE

1. Januar *(Capodanno)*; 6. Januar *(Epifania)*; Ostersonntag und -montag *(Pasqua und Pasquetta)*; 25. April, Tag der Befreiung *(Liberazione)*; 1. Mai *(Festa del Lavoro)*; 15. August *(Ferragosto)*; 1. November *(Ognissanti)*; 8. Dezember *(Immacolata Concezione)*; 25. Dezember *(Natale)*; 26. Dezember *(S. Stefano)*.

Karfreitag, Christi Himmelfahrt, Pfingstmontag und Fronleichnam sind keine Feiertage. Dafür begehen viele Orte ihre Namensheiligen mit einem *semifestivo*, einem halben Feiertag. Am 24. Juni etwa, dem Namenstag des Turiner Schutzpatrons S. Giovanni, sind in Turin Ämter und Geschäfte nur vormittags geöffnet.

REGIONALE FESTE

Februar/März

Eine der bekanntesten Karnevalsgaudis ganz Italiens ist der historische ★ *Karneval* von Ivrea.

Beim Karneval in Ivrea kommen »Vitaminbomben« zum Einsatz

Höhepunkt ist die traditionelle Orangenschlacht am Sonntag, Montag und Dienstag, mit der an einen blutigen Freiheitskampf im Mittelalter erinnert wird. Es empfehlen sich Plätze in den hinteren Reihen …

Alle fünf Jahre im Februar (das nächste Mal im Jahr 2002) erinnert das Dorf Sampéyre in der Valle Varaita mit Umzügen in historischen Kostümen an die Vertreibung der Sarazenen vor 1000 Jahren: *La Bahìo* heißt das farbenprächtige Spektakel.

Mai

Mit dem historischen Pferderennen *Cavalcata Aleramica* gedenkt Acqui Terme des wilden Ritts seines legendären Markgrafen Aleramo.

Cuorgnè im Norden von Turin feiert Mitte Mai seinen geliebten König Arduin mit ★ *Ritterspielen* und fröhlichen Zechgelagen in den alten Arkadengängen.

Eine internationale *Antiquitätenmesse* findet alle zwei Jahre (1998, 2000 …) in den alten Stallungen der savoyischen Kavallerie von Saluzzo statt.

Am zweiten Sonntag im Mai findet ganz in der Nähe in Cavour der *Concorso Internazionale dei Grassoni* statt – ein opulentes Mittagessen mit dicken Menschen aus aller Welt. Anschließend geht's auf die Waage – die schwergewichtigsten Teilnehmer haben gewonnen.

Juni

Im Sommer verwandelt sich Piemont in eine klingende Musikwelt. Den Anfang macht das *Festival Cusiano di Musica Antica* in Orta S. Giulio mit Konzerten am Seeufer.

Zu Ehren seines Schutzpatrons *S. Giovanni* steht Turin am 24. Juni und am Vorabend ganz im Zeichen von Umzügen, Ritterspielen und Feuerwerk.

Juli

Aufführungen, Wettbewerbe, Seminare und Workshops halten Vignale Monferrato zwei Wochen im Juli in Bewegung. So lange ist das mittelalterliche Städtchen Bühne für *Vignaledanza,* die Festwochen des zeitgenössischen Balletts. Auch auf dem Marktplatz wird getanzt!

August

Das Städtchen Castellamonte zwischen Turin und Ivrea stellt den ganzen Monat hindurch aus, was seinen Ruf begründet – *Keramik* vom Kachelofen bis hin zu Kunstgegenständen.

August/September

Von der beschwingten Atmosphäre der Piemonter Seen leben auch die ★ *Settimane Musicali di Stresa.* Zwischen Ende August und Mitte September wird in den herrlichen Gärten und im Palast der Isola Bella auf dem Lago Maggiore klassisch musiziert.

September

In Asti wird jetzt nur noch gefeiert: Am Monatsanfang zunächst auf der *Douja d'Or,* einer großen Weinmesse, auf der die besten italienischen Gewächse probiert und prämiert werden. Die handfeste Unterlage dazu schafft

Die Ritter von der traurigen Gestalt: Spaßgarantie beim Eselpalio in Alba

MARCO POLO TIPS FÜR FESTE

1 Karneval von Ivrea
Historisches Faschingstreiben mit saftiger Orangenschlacht
(Seite 23)

2 Ritterspiele in Cuorgnè
Kostümiertes Treiben, Wettkämpfe und feuchtfröhliches Feiern in den Arkadengängen der Stadt
(Seite 23)

3 Musikwochen in Stresa
Klassikkonzerte in stimulierendem Ambiente an und auf dem Lago Maggiore
(Seite24)

4 Palio di Asti
14 Stadtviertel reiten rücksichtslos auf ungesattelten Pferden um die Wette, und das Publikum tobt
(Seite 25)

(wenn auch erst im nachhinein) das *Festival delle Sagre* am zweiten Sonntag des Monats. Über vierzig Dörfer aus der Provinz Asti präsentieren in »Feldküchen« auf der Piazza Alfieri ihre kulinarischen Spezialitäten. Am dritten Septembersonntag ist dann mit dem berühmtem ★ *Palio di Asti* der Höhepunkt erreicht. 14 Stadtviertel treten zu einem Wettrennen auf ungesattelten Pferden gegeneinander an und vergessen dabei alle Regeln der Fairneß. So liebt es das Publikum! Der Palio stammt aus dem 13. Jh. und ist Ausdruck des Selbstbewußtseins der damaligen freien Stadtgemeinde.

Aber auch die Hauptstadt hat etwas zu bieten: Während des dreiwöchigen Festivals *Settembre Musica* in Turin werden Theater, Kirchen und selbst das Po-Ufer zu Schauplätzen musikalischer Darbietungen aller Art. Auch moderne Komponisten, Jazz und Ethnomusik werden gespielt.

Oktober

Mit einem sehr komischen, weil auf Eseln ausgetragenen Palio, dem *Palio degli asini,* rächen sich die Bewohner Albas am ersten Sonntag des Monats auf ironische Art an Asti. Dieses hatte im 13. Jh. die Stadt besetzt und zum Zeichen des Triumphs seinen Palio vor den Stadtmauern aufgeführt – eine große Schmach für Alba!

Im Oktober beginnt die Trüffelzeit in den Langhe und im Roero; jede Menge Feste drehen sich dann um die »goldene Kartoffel«. Am wichtigsten ist die *Fiera Nazionale del Tartufo* in Alba, die nationale Trüffelmesse an allen Sonntagen im Oktober. Die kostbaren Knollen werden unter großem Rummel präsentiert und verkauft; Degustationen, geführte Rundgänge und allerlei Entertainment ergänzen das Programm.

Dezember

Große Tiere kommen am zweiten oder dritten Donnerstag des Monats nach Carrù am Westrand der Langhe – zur *Fiera del bue grasso,* zur großen Mastochsenprämierung, die im Rahmen eines allgemeinen Viehmarktes stattfindet.

Palmen und ewiges Eis

An den Seen treffen mediterrane Atmosphäre und alpine Bergwelt aufeinander

Dornartig bohrt sich das Piemont im Nordosten in die Schweiz hinein. Es ist ein Land der Gegensätze, das sich hier auftut: ewiges Eis auf den Viertausendern im Westen, Zitronenbäume und mediterranes Flair am Lago Maggiore, Steinbrüche in Domodossola und bäuerliche Bergwelten im Sesia- und Ossolatal. Weniger mondän als der Lago Maggiore ist ein kleiner See mit viel Kunst und malerischem Flair: der Lago d'Orta. Dem Urlauber bietet dieses Stück Piemont vielfältige Möglichkeiten. Vom Bergsteigen bis zur Schiffs-

Mediterrane Vorboten bei Arona

Hotel- und Restaurantpreise

Hotels

Kategorie 1: ab 200 000 Lit
Kategorie 2: 100 000–200 000 Lit
Kategorie 3: bis 100 000 Lit

Die Hotelpreise beziehen sich auf eine Übernachtung im Doppelzimmer. Das Frühstück schlägt mit ca. 8000–20 000 Lit extra zu Buche. »Italienischer« (und auch günstiger) frühstückt es sich aber ohnehin in der Bar um die Ecke. Günstige Übernachtungsmöglichkeiten gibt es auch im Rahmen des *agriturismo* auf Bauernhöfen. Da gibt es ein einfacheres Doppelzimmer oft schon für 50 000 Lit pro Nacht.

Restaurants

Kategorie 1: ab 80 000 Lit
Kategorie 2: 40 000-80 000 Lit
Kategorie 3: bis 40 000 Lit

Preise für ein Menü von drei bis vier Gängen, Gedeck, Brot und Wasser inklusive. In der ersten Kategorie kommt Wein oft noch dazu, sonst ist auch der Hauswein oft schon inbegriffen.

Wichtige Abkürzungen

V.	Via
S.	San, Sant(a), Sant(o)
SS.	Santi
P.	Piazza
Loc.	Località (Ortsteil)
Lit	Lire italiane

fahrt, vom Eisessen bis zum Besuch romanischer Kirchen ist alles möglich.

LAGO MAGGIORE

(**109/D–E 4–5**) Palmen rascheln im Abendwind, es duftet schwer nach Oleander und Jasmin, und leise schlagen die Wellen an die Uferpromenade ... Angesichts des Lago Maggiore verwandeln sich selbst kühle Verstandesmenschen in romantisch schwärmende Geister. Kein Wunder, bei diesem Szenario! Schon seit dem 18. Jh. ziehen das milde Klima, die mediterrane Vegetation und der reizvolle Kontrast zum schneebedeckten Monte-Rosa-Massiv, dem zweithöchsten Gebirgsstock der Alpen, betuchte Ästheten aus aller Welt an. Die herrlichen Villen und Gärten, Promenaden und Belle-Époque-Hotels in den Kurorten Pallanza, Stresa, Arona, Baveno oder Belgirate lassen den Glanz vergangener Zeiten aufleuchten. Fast das ganze Westufer des mit 212 qkm Oberfläche und 65 km Länge zweitgrößten Sees Italiens (Nummer eins ist der Gardasee) gehört zur Region Piemont, während das weniger favorisierte Ostufer lombardisch ist und der Nordzipfel mit Ascona und Locarno schweizerisch. Ein touristischer Geheimtip ist der Lago Maggiore schon lange nicht mehr. Doch der große Rummel setzt erst gegen Ostern ein; wer kann, schaut deshalb schon vorher vorbei. Das Klima erlaubt es! Auch die Flotte der Navigazione Lago Maggiore, die den Schiffsverkehr auf dem See betreibt, ist rund ums Jahr in Betrieb. Nur die großen Rundfahrten sind auf die Monate April bis Oktober beschränkt *(Auskunft Tel. 0322/ 466 51)*. Für allgemeine Auskünfte ist die *APT Lago Maggiore* zuständig *(V. Principe Tomaso 70/72, 28049 Stresa, Tel. 0323/ 301 50, Fax 325 61)*.

ZIELE AM LAGO MAGGIORE

Arona (**109/D–E 5–6**)
Schon aus der Ferne grüßt die 23 m hohe Kupferstatue des

MARCO POLO TIPS FÜR DEN NORDOSTEN

1 Borromäische Inseln
Barockpaläste und -gärten wie nicht von dieser Welt (Seite 29)

2 Piazza Motta in Orta S. Giulio
Mittelalterliches Szenarium mit Inselblick – pittoresker geht es nicht (Seite 33)

3 Cannobio
Mit Seepromenade, Palmen und verwinkelten Gassen der Inbegriff aller Italiensehnsucht (Seite 30)

4 Sacro Monte di Varallo
44 Kapellen künden eindrucksvoll vom Missionseifer der Gegenreformatoren (Seite 35)

5 Ristorante Sorriso
Kulinarische Erlebnisreise in einem der besten Restaurants Italiens (Seite 34)

Barockgarten der Isola Bella: so stolz wie die weißen Pfauen, die ihn bevölkern

Carlone, des »Riesenkarl«. Gewidmet ist das Monument, das man innen besteigen kann wie die Freiheitsstatue von New York (lohnender Ausblick durch Carlones Augen), dem hl. Carlo Borromeo (1538–1584), Erzbischof von Mailand, berüchtigter Protestantenjäger und Sproß der hier herrschenden Fürstenfamilie der Borromäer *(Do–Di 9–12.30 und Do–Mo 14–17, im Sommer 14–19 Uhr, 3000 Lit, 2 km nördlich an der Straße nach Dagnente).* Borromäischer Vergangenheit kann man auch auf der zum See sich öffnenden *P. del Popolo* nachspüren; dort steht der *Palazzo del Podestà,* der ehemalige Justizpalast (15. Jh.) im gotischen Spitzbogenstil. Außerdem sehenswert: die alte Oberstadt mit den Kirchen *SS. Martiri* und *S. Maria Nascente* mit einem Flügelaltar von Gaudenzio Ferrari (16. Jh.). Arona (16 000 Ew.) ist ein wichtiges Geschäfts- und Fremdenverkehrszentrum. Direkt an der P. del Popolo wohnt man einfach, aber gemütlich in der *Pension Florida (25 Zi., P. del Popolo 32, Tel. 0322/462 12, Kategorie 2–3).* Feine Küche wird in der *Taverna del Pittore (Mo geschl., P. del Popolo 39, Tel. 0322/24 33 66, Kategorie 1)* mit schöner Terrasse serviert. Ursprünglicher geht es in der *Trattoria Campagna* zu *(Di geschl., V. Vergante 12, Tel. 0322/572 94, Kategorie 3).*

Borromäische Inseln (109/D–E 5)

★ Es müssen große Gefühle gewesen sein, die Graf Vitaliano Borromeo seiner Frau Isabella d'Adda gegenüber hegte. Denn nur um ihr eine Freude zu machen, verwandelte er die belanglose, 300 m lange Felseninsel gegenüber von Stresa in die *Isola Bella.* Zwanzig Jahre lang wurden Unmengen an Marmor und Erde, Steinen und Pflanzen auf die Insel geschafft, plagten sich Hunderte von Arbeitern und Künstlern. 1671 waren Palast und Garten fertig. Palast und Garten? Was sich da in der Form eines vor Anker liegenden, großen Schiffes aus dem Wasser erhebt, ist eines der prachtvollsten Barockensembles Oberitaliens. Der reich ausgestattete Palast mit großzügigen Freitreppen und eigener Pinakothek, mit Spiegelgalerie und muschelgeschmückten Tuffsteingrotten lohnt allein schon den Besuch, doch die eigentliche Sensation sind die Gärten. In zehn großen Stufen steigen sie pyramidenförmig nach oben auf, durchsetzt mit Laubengängen und Muschelgrotten, steinernen Nymphen und geometrisch zugeschnittenen Beeten. Ihre strenge architektonische Inszenierung ist typisch für die italienischen Barockgärten, in denen die Natur stets nur schmückendes Beiwerk sein durfte. Doch um so stärker wirkt der Kontrast zur weich wogenden Kulisse des Sees und der Berge *(Palast und Garten April–Okt. tgl. 9–12 und 13.30–17.30, Okt. nur bis 17 Uhr, 13 000 Lit).*

Einen Palast und Garten ganz anderer Art findet man auf der weiter gegen Pallanza zu gelegenen *Isola Madre.* Der hübsche, kleine Barockpalast (mit sehenswerter Marionettensammlung) diente 1599, als die Pest im Lande wütete, Carlo Emanuele von Savoyen als Hort der Zuflucht. Dahinter liegt ein botanischer Garten mit subtropischer Pflanzenvielfalt, Papageien und weißen Pfauen *(Öffnungszeiten und Eintritt wie Isola Bella).*

Durchgehend geöffnet – weil ein ganz normales Dorf – ist die Dritte im Bunde der Inseln, die *Isola dei Pescatori,* auf der sich der Besucher in ein pittoreskes Fischeridyll längst vergangener Zeiten zurückversetzt fühlt. Zumindest außerhalb der sommerlichen Stoßzeiten ist das Dorf (60 Ew.) mit seinen verwinkelten Gassen, den an Land gezogenen Booten und seinen in der Frühlingssonne sich wärmenden Katzen ein überaus malerischer Ort. Die Fische, die in den Inselrestaurants serviert werden, stammen allerdings fast durchweg aus dem Comer See: Seit ein Chemiebetrieb in Domodossola DDT in den Lago Maggiore geleitet hat, ist das Fischen dort verboten. Übernachten kann man auf der Fischerinsel mit Blick auf die Isola Madre in der romantischen Villa *Albergo Verbano (12 Zi., V. Ugo Ara, Tel. 0323/304 08, Fax 331 29, Kategorie 1).* Zu den Inseln gelangt man mit den Dampfern der NLM von Stresa, Arona und Verbania aus. Außerdem kann man von Stresa und Verbania aus mit privaten Boottaxis übersetzen *(Auskunft Tel. 0323/50 69 71).*

Cannobio (109/E 4)

★ Wer über die Schweiz anreist, kann sich fünf Kilometer hinter der Grenze an der wunderschönen Uferpromenade von Cannobio den ersten Cappuccino gönnen und seine Vorstellungen vom Lago Maggiore mit der Wirklichkeit vergleichen. Er wird nicht enttäuscht sein! Cannobio (5000 Ew.) schmiegt sich malerisch und vom Gang der Zeiten scheinbar unberührt zwischen den See und die grünen Hügel des Hinterlandes. Im uralten Ortskern gibt es ein frühgotisches *Rathaus* aus dem 13. Jh. und die romanische *Torre del Comune* zu sehen; enge Gassen führen hinunter zum See und treffen auf eine arkadengesäumte Häuserfront mit Geschäften und Cafés – was braucht es mehr, um sich im Süden, in Italien zu fühlen? Sehr schön übernachtet man in der *Villa Belvedere* mit großem Park *(18 Zi., Mitte Okt.–Mitte März geschl., V. Cuserina 2, Tel. 0323/701 59, Fax 719 91, Kategorie 2)*; junge, frische Küche wird im *Lo Scalo* serviert *(Mo geschl., P. Vittorio Emanuele II 32, Tel. 0323/714 80, Kategorie 2)*.

Stresa **(109/D 5)**

Mondäner geht's nicht. Stresa (5000 Ew.) war und ist das Zentrum des feinen Lebens am Lago Maggiore, hier verläuft die längste Uferpromenade, hier stehen die prachtvollsten Hotels. Schuld an allem Glamour ist die aussichtsreiche Lage zu den Borromäischen Inseln, die vom Hafen aus in zehnminütiger Überfahrt zu erreichen sind. Ab dem 18. Jh. sammelte sich in Stresa der internationale Adel und buhlte um die Gunst, von den Grafen Borromini in ihren Inselpalästen empfangen zu werden. Derweil entstanden am Seeufer elegante Palazzi wie die *Villa Pallavicino* (1850), zu der ein großer botanischer Park im englischen Stil mit integriertem Zoo gehört *(März–Mitte Okt. tgl. 9 bis 18 Uhr, 10 500 Lit)*. Ebenfalls sehenswert ist die *Villa Ducale* (1771), in der Antonio Rosmini, der geistliche Philosoph und Gründer der Caritas, seine letzten Lebensjahre verbrachte. Heute ist hier das Centro Studio Rosmini eingerichtet, mit großer Bibliothek und Museum *(tgl. 9–12 und 15–18 Uhr, Eintritt gegen Spende)*.

Eine Attraktion ist auch die Uferpromenade mit ihren Grandhotels aus der Zeit des Jugendstils. Ungeschlagene Nummer eins seit gut einem Jahrhundert ist das *Grand Hotel des Iles Borromées,* das in seinen Belle-Époque-Salons und den im Empirestil eingerichteten Zimmern schon Heerscharen von Großherzögen und Prinzessinnen beherbergt hat; auch Ernest Hemingway war hier zu Gast *(172 Zi., Corso Umberto I 67, Tel. 0323/304 31, Fax 324 05, Kategorie 1)*. Vergleichsweise günstig kommt man im *Du Parc* unter *(21 Zi., V. Gignous 1, Tel. 0323/303 35, Fax 335 96, Kategorie 2)*. Die preiswerte Einheimischentrattoria sucht man in Stresa vergebens, auch das *Ristorante Piemontese* mit seinen regionalen und Fischspezialitäten ist nicht billig – aber gut *(Mo geschl., V. Mazzini 25, Tel. 0323/302 35, Kategorie 2)*.

Stresa hat im Ortsteil Motta Rossa einen *18-Loch-Golfplatz (Tel. 0323/92 92 85)*; bei starkem Regen ist vielleicht ein Besuch im *Museo dell'Ombrello,* dem Schirmmuseum von Gignese, empfehlenswerter *(8 km westlich, V. Principe Tomaso 70, April–Sept. Di–So 10–12 und 15–18 Uhr, 2500 Lit)*. Per Seilbahn oder mit dem Auto (Mautstraße) erreicht man Gipfel und Naturpark des *Mottarone* (1491 m) mit herrlichem Blick über den See.

Verbania **(109/E 4–5)**

1939 wuchsen die beiden Städtchen Intra und Pallanza zu Verbania (30 000 Ew.) zusammen, das sich inzwischen zum Wirtschafts- und Industriezentrum des Sees entwickelt hat. Die zwei Stadthälften könnten gegensätzlicher nicht sein. *Intra* ist modern und geschäftig; hier wird produziert und gearbeitet, Geld verdient und ausgegeben. In *Pallanza* dagegen, das römischen Ur-

Halb noch Schweiz, halb schon Mittelmeer: Uferpromenade in Cannobio

sprungs ist, scheint die Zeit stehengeblieben zu sein. Hier herrscht schöne Lago-Maggiore-Stimmung mit Villen, Parks und einem herrlichen Blick über den Borromäischen Golf mit seinen Inseln.

Der weltberühmte Park der *Villa Taranto* wurde von einem schottischen Edelmann 1931 im englischen Stil angelegt. Sieben Kilometer Wege führen durch ganz unterschiedliche Landschaftsformen und vorbei an 20 000 verschiedenen Pflanzenarten, darunter – im April – ein Meer aus 80 000 Tulpen *(Ende März–Ende Okt. tgl. 8.30 bis 19.30 Uhr, 10 000 Lit, V. Vittorio Veneto).* Von kunstgeschichtlichem Interesse sind die romanische Kirche *S. Remigio* mit schönen Fresken aus dem 13. und 16. Jh. sowie die etwas außerhalb gelegene Kirche *Madonna di Campagna,* ein Renaissancebau mit romanischem Campanile und Fresken u. a. von Carlo Urbini. Der *Palazzo Dugani* (16. Jh.) lohnt einen Besuch sowohl seiner selbst als auch des dort untergebrachten *Landschaftsmuseums* wegen (Gemälde, Skulpturen und archäologische Funde, *April–Okt. Di–So 10–12 und 15 bis 18 Uhr, 8000 Lit, V. Ruga 44).* Wer nicht nobel im *Grand Hotel Majestic* absteigen will *(119 Zi., V. Vittorio Veneto 32, Tel. 0323/50 43 05, Fax 55 63 79, Kategorie 1),* kommt etwas günstiger, aber mit Seeblick, in der Jugendstil-*Villa Azalea* unter *(12 Zi., V. S. Remigio 4, Tel./Fax 0323/55 66 92, Kategorie 2).* Frischen Fisch und andere handfeste Kost gibt es in der *Osteria dell'Angolo (Mo geschl., V. Garibaldi 35, Tel. 0323/556362, Kategorie 2).*

ORTA S. GIULIO

(109/D 5) Wie eine »graue Perle im grünen Schein« liege er da, der Lago d'Orta, hat der Dichter Balzac geschrieben, dem auch gefiel, daß hier nichts prunkte und glitzerte. Tatsächlich wirkt der in waldreiche Hügel eingebettete, gerade mal 13 km lange See recht unaufdringlich im Vergleich zum nahen Lago Maggiore. Der Lago d'Orta strahlt ruhige Heiterkeit und viel Harmonie aus, und das auf einer Landzunge erbaute Städtchen Orta S. Giulio besitzt ein besonders malerisches Stadtbild. Sanft senkt sich die kopfsteingepflasterte Via Albertoletti zum alten ★ *Marktplatz* hin. Dieser, auf drei Seiten von alten Palazzi mit Arkadengängen gesäumt, öffnet sich an seiner Längsseite zum See und gibt den Blick frei auf die Insel S. Giulio mit dem großen Bischofspalast.

BESICHTIGUNGEN

Isola di S. Giulio

Die Legende besagt, daß der hl. Giulio im Jahr 390 auf seinem Mantel zur Insel übersetzte, die dort ansässigen feuerspeienden Drachen vertrieb und ein erstes Gotteshaus errichtete. Von diesem ist heute nichts mehr zu sehen, doch die im 12. Jh. an seiner Stelle errichtete *Basilica di S. Giulio (tgl. 9–12.15 Uhr und Di–So 14–18 Uhr)* gehört zu den wichtigsten romanischen Bauwerken der Region. Der Innenraum ist großteils barockisiert, doch die dominierende Kanzel aus schwarzem Marmor mit phantastischen Tier- und Heiligenplastiken ist ein Meisterstück der Romanik. Die sterblichen Reste des hl. Giulio ruhen in kostbarer Urne in der Krypta. An die Basilika schließt sich der alte Bischofspalast an (14. Jh.). Im gemieteten Ruderboot ist man in einer Viertelstunde auf der Insel; es verkehrt aber auch ein Shuttle-Service *(Rückfahrkarte 3500 Lit).*

Sacro Monte di Orta

Das Bergheiligtum von Orta erhebt sich auf einem bewaldeten Hügel oberhalb von Orta S. Giulio und stellt in 20 Kapellen mittels Fresken und Figurengruppen das Leben des hl. Franz von Assisi dar. Die Kapellen folgen unterschiedlichen Stilformen von Renaissance bis Rokoko. Die Wallfahrt führt auf idyllisch-verschlungenen Wegen zum Gipfel und zur zwanzigsten Kapelle (Heiligsprechung); sie lohnt sich auch für Landschaftsliebhaber: Der prächtige mediterrane Mischwald steht unter Naturschutz, und vom Gipfel des Sacro Monte hat man einen schönen Blick über den See auf die Berge. Der Philosoph Friedrich Nietzsche wird den Berg trotzdem in schlechter Erinnerung behalten haben: Hier oben bekam er von seiner Angebeteten Lou Salomé einen Korb.

RESTAURANT

Villa Crespi

Die Architektur dieses minarettgeschmückten Palastes ist eindeutig orientalisch, das Ambiente luxuriös, die Speisen edel. Für einen besonderen Abend! *Im Winter Mo geschl., V. Fava 8/10, Tel. 0322/91 19 02, Kategorie 1*

HOTELS

Orta

Gemütlicher, restaurierter Altbau direkt am See mit nostalgischem Charme und familiärer Atmosphäre. *35 Zi., P. Motta 1, Tel. 0322/902 53, Fax 90 56 46, Kategorie 2*

S. Rocco

Orta S. Giulios Topadresse in Sachen Übernachtung. Das elegant umgebaute ehemalige Kloster (17. Jh.) prunkt trotz Seelage mit einem Schwimmbad. Außerdem wird hier anerkannt gut gekocht. *74 Zi., V. Gippini 11, Tel. 0322/ 91 19 77, Fax 91 19 64, Kategorie 1*

SPIEL UND SPORT

Wer gerne rudert oder segelt, findet hier günstige Bedingungen vor. Bei den *Canottieri Lago d'Orta* direkt am Marktplatz kann man Ruderboote ausleihen, im Segelclub *Circolo Vela Orta* Segelunterricht nehmen *(Auskunft: Tel. 0321/39 89 47).*

AUSKUNFT

APT

V. Olina 9/11, 28016 Orta S. Giulio, Tel. 0322/91 19 37, Fax 90 56 78

ZIELE IN DER UMGEBUNG

Crusinallo (109/D 5)

Der kleine Ort am Nordende des Lago d'Orta ist Sitz des Topfherstellers und Lieblingsküchendesigners aller Deutschen, Alessi. Die sattsam bekannten Teekessel, Keksdosen und Zitronenpressen gibt es hier im Direktverkauf mit mindestens 30 Prozent Rabatt *(V. Privata Alessi, Tel. 0323/65 11).*

Ossolatal und Seitentäler (109/D 3-4)

Ossola. Nie gehört? Gut, der Hauptort *Domodossola* (19 000 Ew.) ist bekannter als dieses nördlichste Stück Piemont, eine aus mehreren Tälern bestehende Alpenlandschaft. Domodossola ist ein wichtiger Verkehrs- und Eisenbahnknotenpunkt, seit zu Napoleons Zeiten der Simplon-Paß ausgebaut wurde. Es weist mit seiner alten *P. Mercato* und den loggiengeschmückten Bürgerhäusern aber noch einen schönen historischen Stadtkern auf. Anständig essen und übernachten kann man im *Albergo Corona (32 Zi., V. Marconi 8, Tel. 0324/ 24 21 14, Fax 24 28 42, Kategorie 2).*

Östlich der nach Domodossola führenden großen Paßstraße breiten sich mit dem *Parco Nazionale della Val Grande* über 20 000 Hektar unberührte Bergwelt aus; herrliche Wanderungen (auch mit Hüttenübernachtung) sind hier möglich.

Hinter Domodossola geht es rechts ab in die grüne *Val Vigezzo,* eine Art Hochebene, die man sehr romantisch mit dem weißblauen Bähnchen *La Vigezzina* befahren kann – theoretisch bis ins schweizerische Locarno. In *S. Maria Maggiore* sollte man die Fahrt unterbrechen, denn dort gibt es ein originelles *Kaminkehrermuseum (Juli–Aug. tgl. 15.30 bis 18 Uhr, So und Mo auch 10–12 Uhr, 1000 Lit, P. Risorgimento).*

Soriso (109/D 6)

Die vielen Autos mit auswärtigen Kennzeichen, die das Sträßchen in das 750-Einwohner-Dorf oberhalb von Gozzano hinauffahren, schüren die Erwartungen des ahnungslosen Reisenden: Was mag dieses Soriso zu bieten haben? Die Wahrheit ist, daß es nichts zu bieten hat, wenn man umwerfende Sakralbauten oder Renaissancepaläste sucht. Aber das stört keinen der Besucher, die ohnehin anderes im Sinn haben: eine Mahlzeit im ★ *Al Sorriso,* einem der besten Restaurants ganz Italiens. Hier kocht Luisa Valazza phantasievoll verfeinerte regionale Gerichte. Ein üppiges Menü schlägt mit etwa 140 000 Lire zu Buche – das ist mehr als in der Pizzeria, aber geradezu geschenkt für das, was dem Gaumen an Sensationen geboten wird. *Di-Mittag und Mo geschl., V. Roma 18/20, Tel. 0322/983228*

Valsesia **(108/B-C 5)**

Das grünste Tal Italiens führt am Ufer der Sesia entlang bis an den Fuß des Monte Rosa (4637 m). Zusammen mit seinen Seitentälern bildet es eine Alpenregion von dramatischer Schönheit, zu der die wilden Gebirgsflüsse ebenso beitragen wie die dichten Waldgebiete, die in den Himmel schneidenden, zackigen Felsgrate und die schindelgedeckten Holzhäuser der Walser, einer deutschsprachigen Volksgruppe, die vor 700 Jahren aus dem Hochwallis hierherzog.

Das wirtschaftliche und kulturelle Zentrum der Valsesia ist *Varallo* (7700 Ew.), das eine hübsche Altstadt mit der spätgotischen Saalkirche *S. Maria delle Grazie* (grandioser Freskenzyklus von Gaudenzio Ferrari, ein »Einheimischer«, der mittlerweile zu den großen Meistern des 16. Jhs. gezählt wird) und eine lohnende *Pinakothek* mit valsesianischer Malerei besitzt *(Juni–Sept. tgl. 10–12 und 15–18 Uhr, 5000 Lit, V. Calderini 25)*. Bekannt ist es aber vor allem durch seinen ★ *Sacro Monte*. Das »neue Jerusalem« wird die 200 m über Varallo gelegene Pilgerstätte (1497–1650) genannt: In 44 Kapellen und einer Basilika stellen 800 lebensgroße Figuren aus Holz und Terrakotta vor freskiertem Hintergrund den Leidensweg Christi bis hin zur Auferstehung dar. Einige Szenen schuf Gaudenzio Ferrari. Der Sacro Monte von Varallo ist das älteste der Bergheiligtümer Piemonts und gilt als besonders gelungener Schachzug der Gegenreformatoren: Der Theatralik und Eindringlichkeit der Szenen kann sich der Besucher in der Tat schwer entziehen.

Am Schluß des *Valgrande* genannten Haupttales liegt der Ferienort *Alagna* (430 Ew.), eine Walsergründung, wie an den zahlreichen typischen Holzhäusern zu erkennen ist. Hier wird noch der altdeutsche Dialekt gesprochen. Im *Museo Walser (Juli bis Aug. tgl., sonst nur feiertags 14 bis 18 Uhr, Eintritt nach Spende, Loc. Pedemonte)* kann man den Lebensgewohnheiten und Bräuchen der Walser nachspüren. Von Alagna aus kann man sich recht bequem dem Monte Rosa nähern und mit der Seilbahn bis auf 3153 Meter fahren (das Gletschergebiet der *Punta Indren* ist auch als Sommerskigebiet geeignet).

Doch der Valsesia-Sport schlechthin ist Wassersport. Die reißenden Gebirgsbäche sind auf über 75 Kilometer »schiffbar« und ziehen entsprechend viele Wildwasserenthusiasten an (Auskunft: *Scuola di Canoa della Valsesia, Isola di Vocca, Tel. 0163/53089*).

Ein kulinarischer Tip: Am Ende der *Val Sermenza* liegt mit *Carcoforo* die kleinste Gemeinde Italiens (ca. 80 Ew.), ein Bergdorf wie aus dem Bilderbuch, mit dem sehr guten Restaurant *Scoiattolo (Mo geschl., V. Casa del Ponte, Tel. 0163/95612, Kategorie 2)*. Rustikal essen und tief schlafen kann man auf dem Bauernhof *Baita d'Au Round* oberhalb Varallos – hier spürt man die Natur *(3 Zi., Loc. Rondo, Frazione Morca, Tel. 0163/54218, Kategorie 3)*. Auskünfte über die Valsesia erteilt die *APT, Corso Roma 36, 13019 Varallo, Tel. 0163/51208, Fax 53091.*

Italiens Silicon Valley

Reisanbau, High-Tech und jede Menge alte Schlösser

In der fruchtbaren Ebene zwischen Turin und Novara, von schnurgeraden Straßen und Kanälen durchzogen, wird seit dem Mittelalter Reis angebaut. Stattliche Dörfer und Städte wie Novara und Vercelli künden vom Wohlstand, den das brachte. Gen Norden, im üppig grünen Voralpenland rund um Ivrea dagegen, begegnet die Vergangenheit bereits der Zukunft. Zahllose Schlösser und Kastelle schmükken das italienische »Silicon Valley«, eine Region, in der sich besonders viele High-Tech-Betriebe niedergelassen haben. Das Biellese wiederum ist berühmt für seine traditionsreiche Textilherstellung: Namen wie Zegna, Lore Piana und Piacenza lassen Woll- und Kaschmirliebhaber in der ganzen Welt aufhorchen.

BIELLA

(112/A2) Zugegeben: Ganz so reich an kunsthistorischen Schätzen wie viele andere piemontesische Kleinstädte ist Biella (48 000 Ew.) nicht. Doch dafür besitzt das lebhafte Städtchen am Cervo-Ufer eine Ober- und eine Unterstadt mit jeweils ganz eigener Atmosphäre und ist überdies ein wichtiges Zentrum der Textilherstellung – mit entsprechenden Einkaufsmöglichkeiten. Zudem kann man von hier aus eine Reihe schöner Ausflüge ins Voralpenland unternehmen.

Das von den Römern gegründete Biella ist zweigeteilt: das in sich versunkene, hoch auf einem Hügelkamm gelegene *Biella Piazzo,* das das mittelalterliche Gesicht der Stadt bewahrt hat. Und die Unterstadt *Biella Piano,* die sich vor etwa 200 Jahren mit der Entstehung der großen Spinnereien zum eigentlichen Zentrum Biellas gewandelt hat. Beide Stadtteile sind durch eine Seilbahn miteinander verbunden *(Talstation an der P. Curiel).*

Klimamaschine Po-Ebene: Der Nebel gibt den Weinen Kraft

BESICHTIGUNGEN

Oberstadt

Große Ruhe liegt über der P. Cisterna und der von gotischen Adelspalästen gesäumten V. Avogadro – ganz so, als sei die Zeit stehengeblieben. Um so besser,

MARCO POLO TIPS FÜR DIE PO-EBENE UND DAS CANAVESE

1 Oropa
Barocker Wallfahrtsgigantismus vor alpinem Hintergrund (Seite 40)

2 Basilica di S. Andrea
Gleich vier Türme schmücken die erste große gotische Kirche in Norditalien (Seite 45)

3 Maglione
Moderne Kunst, auf die Haus- und Stallfassaden eines 500-Seelen-Dorfes gemalt – Museum open air! (Seite 42)

denn so genießt der Besucher von der Hektik modernen Daseins ungestört die altertümliche Atmosphäre hier oben, das Kopfsteinpflaster, die gotische Kirche *S. Giacomo* (13. Jh.) mit Campanile und Triptychon von Daniele de Bosis (1497) sowie den *Palazzo Gromo di Ternengo* mit seinem loggienumstandenen, zweistöckigen Renaissancehof. Vom Garten des frühklassizistischen *Palazzo Ferrero* hat man einen guten Blick auf die Unterstadt und in die Po-Ebene hinein.

Unterstadt

Obwohl in den Straßen von Biella Piano unübersehbar (und unüberhörbar!) das moderne Geschäftsleben pulsiert, gibt es viele gemütliche Ecken und auch ein paar Relikte der Vergangenheit zu entdecken. Der *Dom S. Maria Maggiore,* mit dessen Bau Anfang des 15. Jhs. begonnen wurde, hat Mitte des 19. Jhs. eine neugotische Illusionsausmalung erhalten, die vielleicht nicht unbedingt schön ist, aber doch sehr eindrucksvoll. Der plump wirkende Backsteinbau gleich links des Domes ist ein uraltes *Baptisterium* aus frühromanischer Zeit (9./10. Jh.), dessen Baumaterial zum Teil noch älter ist – es wurden u. a. römische Marmorreliefs verwertet. Als künstlerischer Höhepunkt Biellas gilt die Renaissancekirche *S. Sebastiano* (Ende 14. Jh.) mit einer gelungenen Fassade der Neorenaissance (1882) sowie wertvollem Chorgestühl, Fresken und Altarbildern des 16. Jhs.

RESTAURANT

Orso Poeta

Bielleser Köstlichkeiten wie fritierte Frösche oder die berühmte *panissa* werden abends sogar mit musikalischer Live-Untermalung gereicht. Im Sommer sitzt man sehr nett draußen. *Sa-Mittag und So geschl., V. Orfanotrofio 7, Tel. 015/212 52, Kategorie 2*

EINKAUFEN

In Biella kauft man natürlich Textiles. Und dies zu günstigen Preisen, denn es gibt eine Reihe interessanter Fabrik-Outlets. Reduzierte Sportkleidung und -schuhe findet man sowohl im *Fila-Shop (Viale Battisti 28)* als auch bei *Lanificio Fratelli Cerruti (V. Cernaia 40)*, wo man auch bei Freizeitkleidung fündig wird. Strickwaren aus feinem Kaschmir gibt es günstig bei *Dressage (V. Torrione 22)*. Zartes Gebäck, darunter köstlich mürbe Schokoladenwaffeln *(canestrelli)*, kauft man in der *Pasticceria Ferrua, V. S. Filippo 1* – leider zu regulären Preisen.

HOTEL

Astoria
Die sehr elegante Hotelpension in Bahnhofsnähe ist die unumstrittene Nummer eins in Biella – allerdings gibt es nicht viel Konkurrenz. *50 Zi., Viale Roma 9, Tel. 015/40 27 50, Fax 849 16 91, Kategorie 2*

AUSKUNFT

APT
P. Vittorio Veneto 3, 13051 Biella, Tel. 015/35 11 28, Fax 346 12

ZIELE IN DER UMGEBUNG

Candelo **(112/A 2–3)**
Ricetti heißen die piemontesischen Wehrdörfer, die fast alle im 14. Jh. entstanden und den Bauern dazu dienten, Vieh und Lebensmittel sicher zu verwahren und in brenzligen Zeiten auch sich selbst. Das am besten erhaltene *ricetto* Piemonts ist in Candelo zu besichtigen: Von dicken Mauern und Wehrtürmen beschützt, drängen sich, auf ein paar Straßenzüge verteilt, zweigeschossige Häuser aneinander. Im Erdgeschoß logierten die Tiere, oben wurden die Vorräte aufbewahrt. Das *ricetto* steht mitten im Zentrum von Candelo, auf der *P. Castello*, und ist – wie immer in Friedenszeiten – unbewohnt. Außerhalb der schützenden Mauern, in Richtung Sandigliano, zaubert Signore Angiulli in seinem Restaurant *Angiulli (Mo und in der Woche mittags geschl., V. Sandigliano 112, Tel. 015/253 89 98, Kategorie 1)* apulisch inspirierte Köstlichkeiten. Exzellent!

Lago di Viverone **(112/A 3)**
Daß ihn die Einheimischen zärtlich das »Meer der Biellesen« nennen, mag bei seinen Ausmaßen (3500 x 2750 m) ein wenig erstaunen. Tatsache aber ist, daß der hübsche Lago di Viverone, der entstand, als der Aostataler Gletscher abschmolz, vor allem an seinem mit guter Infrastruktur versehenen Nord- und Ostufer ein exzellentes Ferienziel darstellt. Zudem liegt der See sehr schön vor der imposanten Kulisse des Moränengürtels *Serra*. Reichlich Landschaftsgenuß garantiert eine Seeumrundung auf dem Fahrrad (ca. 20 km auf Nebenstraßen, Start an der Kirche in Piverone). Alternativ kann man es sich in zahlreichen Badeanstalten bequem machen oder auch aktiv segeln und surfen. Zwei Adressen, an denen beides geht: *Club Lac et Soleil, Viverone, Loc. Comuna, Tel. 0161/981 66*, und *Complesso Oasi, Viverone, Strada Provinciale 157, Tel. 0161/981 63*

L'Oasi Zegna **(112/A 2)**
Die vom Textilgrafen Ermenegildo Zegna in den dreißiger Jahren erdachte und finanzierte Oase ist nicht etwa ein Stoffdiscount, sondern ein Naturparadies. Basis ist die 26 km lange

Panoramica Zegna, die Staatsstraße 232, die Trivero mit Rosazza verbindet. Zwischen 800 und 1500 m hoch gelegen, ist sie Ausgangspunkt für 27 verschiedene Wanderungen, Rad- oder Skitouren, auf denen man sich jeweils mit einem Thema aus Fauna, Flora, Geographie oder Geschichte vertraut machen oder einfach nur die Berglandschaft genießen kann *(Auskunft: Pro Loco di Trivero, Centro Zegna, Trivero, Tel. 015/75 61 29).*

Ihren höchsten Punkt erreicht die Panoramica Zegna in *Bielmonte,* einem sommers wie winters beliebten Urlaubsort. Nahe Trivero, beim Dorf Pray, ist eine der vielen im 19. Jh. im Biellese entstandenen Webereien zu besichtigen, die *Fabbrica della Ruota.* Die stillgelegte Anlage soll zu einem Dokumentationszentrum umgebaut werden; im ersten Stock ist jetzt schon eine Ausstellung zur Wollherstellung zu sehen. Besichtigung nach Voranmeldung bei der *APT della Valsesia, Corso Roma 38, 13019 Varallo, Tel. 0163/512 80, Fax 530 91.*

Oropa (112/A 2)

★ Tausende von Pilgern wallfahrten jedes Jahr zum beliebtesten Marienheiligtum Italiens – und das, obwohl der von Oropa beanspruchte Ruhm, die älteste Marienwallfahrt Europas zu sein, längst widerlegt ist. Die hier angebetete Schwarze Madonna, eine mit Gold und Edelsteinen prachtvoll geschmückte Holzfigur, soll der Legende nach vom Evangelisten Lukas geschnitzt und vom Vercelleser Bischof Eusebius im Jahr 369 in die Berglandschaft oberhalb Biellas gebracht worden sein. Dokumentiert ist die Wallfahrt jedoch erst seit dem 13. Jh.

Die frühbarocke *Basilika,* die das Gnadenbild (und zahlreiche sehenswerte Votivgaben) enthält, wurde 1600–1606 erbaut und ist das Herz der Anlage, die im 17. und 18. Jh. zu einem gigantischen Barockkomplex ausgebaut wurde und schloßähnliche Züge aufweist. Unter der Leitung von Stararchitekten wie Gallo und Vittone und finanziert von den Savoyern, entstanden auf künstlich aufgeschütteten Terrassen von prachtvollen Barockbauten umrahmte Höfe. Durch diese steigt man auf zur Krönung von Oropa, zur Kuppelkirche *Regina Montium,* die erst 1960 fertiggestellt wurde und im Kontrast zur dahinter steil ansteigenden Felswand des Monte Mucrone (Seilbahn zur Bergstation und zum Lago del Mucrone) fast feindlich und abweisend wirkt. Linker Hand des Komplexes wurde auch ein bescheidener *Sacro Monte* angelegt: zwölf Kapellen, in denen Skulpturengruppen vom Leben Marias erzählen.

Wer hier länger verweilen will: Die Wallfahrtskirche Oropa bietet Infrastrukturen wie ein – pardon – Ferienclub: 700 Pilgerzimmer, unterschiedliche (meist sehr stimmungsvolle) Restaurants und Cafés, dazu Einkaufsmöglichkeiten und Freizeitangebote.

IVREA

(111/F3) Die strategisch günstige Lage am Ausgang des Aostatals war schon den Römern aufgefallen, die auf dem Bergrücken oberhalb der Dora Baltea eine Stadt errichteten, von der bis auf die Reste eines Amphitheaters jedoch nichts mehr erhalten ist. Heute assoziiert man mit Ivrea (26 000 Ew.) eher den Namen Olivetti, denn das Städtchen ist Sitz des 1908 gegründeten Büromaschinen- und Computerunternehmens. Trotzdem herrscht durchaus historisches Flair in den engen, sich den Berg hinaufziehenden Gassen der Altstadt.

BESICHTIGUNGEN

Burg
Wo einst Arduino, Vorkämpfer gegen die bischöflichen Feudalherren und erster König von Italien, seine Festung stehen hatte, erbaute drei Jahrhunderte später Amadeo IV. von Savoyen eine imposante Backsteinburg (1358 bis 94), die noch heute das Stadtbild Ivreas beherrscht. Uneinnehmbar erscheint die Anlage mit ihren weit hochgezogenen Außenmauern und den hoch aufragenden, runden Zinnentürmen. *Sa 14–18 Uhr, So 10–12 und 14–18 Uhr, 3000 Lit, P. Castello*

Dom S. Maria Assunta
Schon seit zwei Jahrtausenden wird hier gebetet. Den Anfang machte ein römischer Apollotempel, später wurde eine frühchristliche Bischofskirche daraufgesetzt, die man ab 970 durch den Dom ersetzte, dessen Bau sich jedoch 300 Jahre hinzog. Aus der romanischen Zeit sind die Glockentürme, die Krypta und der Vierungsturm erhalten; im übrigen wurde die Kirche im Neubarock und Klassizismus (Fassade!) sichtlich umgestaltet. Im äußeren Säulengang steht der Sarkophag eines römischen Quästors (1. Jh.). *Tgl. 8–18 Uhr, P. Castello*

Edifici Olivetti
Firmengründer Camillo Olivetti (1868–1943) war ein Unternehmer, dem die sozialistischen Ideale gefielen und der versuchte, die drei Bereiche Industrie, Landschaft und Stadt sozialverträglich zu harmonisieren. Seine Erben taten es ihm gleich, und so sind heute im Südwesten Ivreas zahlreiche Olivetti-Bauten zu sehen, die im Stile guter, moderner Architektur der industriellen Fertigung eine menschliche Note geben. Darunter die *Fabrik* selbst (erweitert 1936 und 1957), der sternförmige *Palazzo di Uffici* (sechziger Jahre, beide *Corso Jervis*) sowie die Wohnhäuser für Mitarbeiter (frühe siebziger Jahre, *V. Carandini*).

Baugeschichtliches Kuriosum: Mitten auf dem Firmengelände liegt auch die Klosterkirche *S. Bernardino* (15. Jh.), in der es einen sehr schönen spätgotischen Freskenzyklus zu sehen gibt, der in 21 Bildern das Leben Jesu erzählt. *Besichtigungsmöglichkeit beim Olivetti-Pförtner (Tel. 0125/52 00) erfragen – normalerweise geht es!*

RESTAURANTS/HOTELS

In Ivrea selbst gibt es einige anständige Hotels und Restaurants, aber das wirklich Gute und Besondere findet man vor den Toren der Stadt.

Castello S. Giuseppe
Erst war es ein Kloster, dann wurde es Burg, heute ist es ein Hotel mit viel Atmosphäre. In den Mönchszellen wird geschlafen, in der Bibliothek gegessen. *14 Zi., Loc. Lago di Sirio, Chiaverano (5 km nördlich), Tel. 0125/42 43 70, Fax 64 12 78, Kategorie 1*

Panoramica

Was einen Namen trägt wie ein gemeines Ausflugslokal, entpuppt sich als luxuriöser Tempel phantasievoller Kochkunst. Auf der Terrasse (Panorama!) oder im fein geschmückten Saal kann man zwischen drei Menüs wählen, in einer der umfangreichsten Weinkarten der Region schmökern und sich zum Abschluß des Essens eine Zigarre anzünden – eine Aufmerksamkeit des Hauses. Sogar übernachten lassen sie einen! *16 Zi., V. S. Rocco 7, Loranzé (8 km westlich Richtung Castellamonte), Restaurant Sa-Mittag und So-Abend geschl., Tel. 0125/66 99 66, Fax 66 99 69, Hotel Kategorie 2, Restaurant Kategorie 1*

AUSKUNFT

APT

C. Vercelli 1, 10015 Ivrea, Tel. 0125/ 61 81 31, Fax 61 81 40

ZIEL IN DER UMGEBUNG

Maglione (111/F 3–4)

★ Bis zum Jahr 1985 kannte kaum jemand die 500-Seelen-Gemeinde bei Cigliano. Dann kam Maurizio Corgnati, Schriftsteller, Regisseur und Liebhaber zeitgenössischer Kunst, und verwandelte das Dorf in ein Freilichtmuseum der ganz besonderen Art. Denn nicht bäuerliche Lebenskultur ist dort ausgestellt, sondern moderne Malerei: Bilder, die die Künstler statt auf Leinwand auf die Fassaden der Dorfhäuser gepinselt haben. Über hundert dieser wetterfesten Acrylfresken schmücken das Dorf bereits, und jedes Jahr im September, pünktlich zum Patronatsfest S. Maurizio am 22. September, kommen neue hinzu. Die Faszination liegt im starken Kontrast zwischen der Kunst und dem bäuerlichen Alltag drumherum. Auf Wunsch werden geführte Rundgänge organisiert. *Auskunft: Museo d'Arte Contemporanea all'aperto di Maglione MACAM, Signora Corgnati, Tel. 0161/40 01 13*

NOVARA

(112/C 3) Industriezentrum, Verkehrsknotenpunkt und auch noch in der Nebelebene zwischen den Flüssen Sesia und Ticino gelegen: So richtig Lust auf einen Besuch in Novara macht das alles nicht. Doch es wäre ein grober Fehler, an der zweitgrößten Stadt Piemonts (100 000 Ew.) vorbeizubrausen. Denn die schon von den Römern bewohnte spätere freie Stadtrepublik bietet allerhand: ein größtenteils autofreies Zentrum mit gut erhaltenen Palazzi aus der Renaissance- und Barockzeit, breite Promenaden unter schattenspendenden Platanen, elegante Einkaufsstraßen. Man spürt, daß Mailand nicht fern ist. Doch das Wahrzeichen Novaras mutet turinerisch an: Der Kuppelturm von S. Gaudenzio, bis weit in die Reisebene hinein zu erkennen, stammt unverkennbar aus der Hand desjenigen Meisters, der auch die Mole in der Hauptstadt erbaut hat: Alessandro Antonelli.

BESICHTIGUNGEN

Broletto

In keiner anderen Stadt des Piemont gibt es ein *broletto* – aber Novara war im Mittelalter ja auch die einzige freie Reichsstadt Piemonts. Es durfte seine Geschicke selbst lenken und bedurfte deshalb eines angemessenen Ortes für die Regierungsgeschäfte – eines *broletto* eben. In den um einen charmanten Innenhof gebauten romanischen und gotischen Gebäuden tagten der »Große Rat« und die wichtige Handwerkervereinigung; später, als es aus war mit der Selbstverwaltung, ließ sich auch der Mailänder Statthalter einen Palast hinzubauen. Heute sind im *broletto* zwei Museen untergebracht. Während das *Museo Civico (Di–So 10–13 und 16–19, im Winter 9–12 und 15–18 Uhr, 2000 Lit)* eine Sammlung archäologischer Funde aus Novara und Umgebung zeigt, gibt es in der *Galleria d'Arte Moderna Giannoni (z. Z. wegen Renovierung geschl.)* sehr sehenswerte lombardische Malerei des 19. Jhs. zu bewundern. *Palazzo del Podestà, Broletto, V. Fratelli Rosselli 20*

Dom

Das gewaltige klassizistische Bauwerk in der Stadtmitte ist das Ergebnis eines langen und heftigen Streites der Stadtväter um die Neugestaltung des Zentrums. Bis zur Mitte des letzten Jhs. stand an dieser Stelle eine 700 Jahre alte und sehr schöne, wenngleich leider baufällige romanische Kathedrale. Eine der beiden Parteien war für die Renovierung der Kirche; die andere – stärkere – wollte im Rahmen der allgemeinen Stadterneuerung bitte auch einen neuen Dom haben. So kam Alessandro Antonelli zum Zuge, der aus dem nahen Ghemme stammende Architekt, der den neuen Dom von Novara (1863 bis 69) als dreischiffige, säulenbeherrschte Tempelkirche inszenierte. Im Inneren sehenswert: die aus der Vorgängerkirche geretteten schwarzweißen Fußbodenmosaiken und Tafelbilder von Gaudenzio Ferrari und Bernardino Lanino. Gleich gegenüber vom Domportal steht das achteckige *Baptisterium,* vermutlich aus dem 5. Jh., mit vorromanischen Fresken. *Tgl. 7.30–12 und 15–18.30 Uhr, P. Repubblica*

S. Gaudenzio

Eigentlich besaß die große, dem Stadtpatron geweihte Kirche aus der Spätrenaissance (ab 1577) be-

Rennradler

Zu Radfahrern hat der italienische Autofahrer ein, wie es scheint, gespaltenes Verhältnis. Begegnet er Radfahrern in der Großstadt, verhält er sich, als wären sie nicht vorhanden, bremst sie aus, schneidet ihnen den Weg ab oder nimmt sie gleich ganz unter die Räder. Wie umgewandelt dagegen sein Verhalten, wenn er sonntags bei einem Landausflug auf ein Rudel bunt gekleideter Rennradler trifft. Diesen zuckelt er so lange klaglos hinterher, bis sich genug Platz zum gefahrlosen Überholen bietet. Er hupt nicht, er schimpft nicht, er geht kein Risiko ein. Die Radler wissen das und fahren entsprechend sorglos auch zu dritt nebeneinander. Dies ist eine doppelte Aufforderung. Erstens: Fahren Sie in Turin nicht Rad! Zweitens: Begegnen Sie den Rennradlern mit großem Respekt!

reits einen schönen Campanile, erbaut von Benedetto Alfieri aus Asti. Da aber um 1840 der Domarchitekt Antonelli ohnehin die Kuppel neu konstruieren mußte, ließ er sich die Gelegenheit nicht entgehen und trumpfte richtig auf: Heute dient S. Gaudenzio in erster Linie als statische Basis einer Vierungskuppel, die sich in aufeinandergestellten Säulenzylindern bis auf 122 m hochzieht – deutlich höher als der Campanile. Auf der Spitze glänzt eine vergoldete Christusfigur. Antonelli arbeitete 44 Jahre an seinem Meisterwerk. *Tgl. 8–12 und 15 bis 18.30 Uhr, V. S. Gaudenzio*

MUSEUM

Museo Faraggiano
640 Vögel, 300 teils exotische Säugetiere sowie 130 Reptilien und Amphibien gehören zu dieser wertvollen Tierkundesammlung. *Z. Z. wegen Renovierung geschl., V. Gaudenzio Ferrari 13*

RESTAURANTS

Caglieri
Klassische Novareser Küche (Risotti!), die im Sommer im Garten besonders gut schmeckt. *Mi geschl., V. Tadini 12, Tel. 0321/45 63 73, Kategorie 2–3*

Osteria del Laghetto
Das Ambiente ist einladend: Nördlich der Autobahn, hübsch in einem Park an einem kleinen See gelegen, sitzt man in gemütlich eingerichteten Räumen mit direktem Blick in die Küche. Solide, bürgerliche Kost. *Sa-Mittag und So geschl., V. Case Sparse 11, Loc. Veveri, Tel. 0321/62 15 79, Kategorie 2*

EINKAUFEN

Das ideale Souvenir aus der Ebene um Novara ist natürlich der grünschimmelige Gorgonzola. Wer es lieber süß mag, zieht vielleicht die wohlschmeckenden (und sehr trockenen) *biscottini di Novara* vor (z. B. aus der *Bottega Walter, Corso Vercelli 9*). Schnäppchen in Designermode macht man bei *Zamasport (V. Belletti 10, Di–Sa 15–18 Uhr).*

HOTEL

La Rotonda
Zentral gelegen und von unüblicher Form (zylindrisch!), bietet dieses Hotel angenehmen Viersternestandard. *27 Zi., Baluardo Massimo D'Azeglio 4/6, Tel. 0321/39 92 46, Fax 62 36 95, Kategorie 2*

AUSKUNFT

APT
V. Dominioni 4, 28100 Novara, Tel. 0321/62 33 98, Fax 39 32 91

ZIEL IN DER UMGEBUNG

Vercelli **(112/B 4)**
Die Hauptstadt des Reishandels (50 000 Ew.) ist gleichzeitig eine Stadt der Premieren: Im 4. Jh. gründete Eusebius hier das erste Bistum Piemonts, 900 Jahre später folgten das erste Pilgerhospital und die erste Universität in Piemont. 1243 schaffte gar Vercelli als erste Stadtrepublik die Leibeigenschaft ab. Heute herrscht in der römischen Gründung ruhige Geschäftigkeit; kaum einmal verirrt sich ein Tourist hierher, um auf der mit Kieseln gepflasterten, charmant-heruntergekommenen *P. Cavour*

Bei Vercelli finden Risottofreunde reiches Material für Feld-Forschung

einen Cappuccino zu trinken und dabei die *Torre dell'Angelo* zu bewundern, einen Geschlechterturm aus dem 15. Jh.

Dabei gäbe es viel zu sehen hier! Allem voran die ★ *Basilica S. Andrea,* eine der ersten gotisch beeinflußten Kirchen Norditaliens. Erbaut 1219, erscheint die Fassade noch romanisch, während der dreischiffige Innenraum mit seinen Kreuzrippengewölben und den sie tragenden Bündelpfeilern schon deutlich gotische Züge trägt. Ungewöhnlich: Gleich vier Türme schmükken die Basilika. Bis heute weiß niemand genau, wer der Baumeister des Wahrzeichens von Vercelli war. Die Renaissancekirche *S. Cristoforo* birgt in ihrem Inneren wunderschöne Renaissancefresken von Gaudenzio Ferrari und gelungene Trompel'œil-Malerei aus der Barockzeit.

Vercelli hat außerdem zwei lohnende Museen: Das *Museo Leone,* beheimatet in zwei sehr schönen Palazzi, zeigt eine interessante archäologische Sammlung mit Funden aus prähistorischer und römischer Zeit sowie Objekte zur Stadtgeschichte *(März–Nov. Di und Do 15 bis 17.30 Uhr, So 10–12 Uhr, 3000 Lit, V. Verdi 30).* Im *Museo Borgogna* hängen schöne Renaissancegemälde u.a. von Vertretern der im 16. Jh. tätigen Schule von Vercelli *(Di–Fr 15–17.30 Uhr, Sa und So 9.30–12 Uhr, 4000 Lit, V. Borgogna 8).* Zum entspannten Bummel zwischen Boutiquen und Eisdielen lädt der *Corso Libertà* ein, doch die wahren Schnäppchen macht man bei *Sambonet* in der *V. 26 Aprile 62:* Hier schlägt der berühmte Topf- und Besteckhersteller seine Küchenkollektionen mit bis zu 70 Prozent Rabatt los. Die kulinarische Spezialität des Vercellese, den Reiseintopf *panissa,* probiert man am besten bei *Il Paiolo (Do geschl., Viale Garibaldi 72, Tel. 0161/25 05 77, Kategorie 2–3).*

Auskünfte über Vercelli und Umgebung erteilt die *APT, Viale Garibaldi 90, 13100 Vercelli, Tel. 0161/25 78 88, Fax 25 78 99.*

Von Steinböcken und kunstsinnigen Markgrafen

Mittelalterliche Stadtbilder und wildromantische Bergtäler

Vom Gran Paradiso im Norden über den traumhaft gleichschenkligen Monviso (der auf frappierende Weise dem »Paramount«-Logo ähnelt ... oder umgekehrt) bis hin zum ligurischen Apennin zieht sich die Bergwelt halbrund um die Turiner Ebene, einem alpinen Amphitheater gleich. Viele (oft noch ganz unberührt wirkende) Gebirgstäler führen nach Westen, darunter die »Transit«-Täler Val di Susa und Val di Chisone, über die man via Paß und Tunnel nach Frankreich gelangt. Weiter im Süden warten mit Cuneo, Mondovì und Saluzzo historische Stadtkleinode.

CUNEO

(**115/D4**) Cuneo heißt Keil auf italienisch – und tatsächlich spitzt sich die Provinzhauptstadt (55 000 Ew.), zwischen den Flüssen Stura und Gesso auf einem steil abfallenden Plateau gelegen, nach vorne deutlich zu. Ihrer strategisch günstigen Lage wegen (von hier gehen Paßstraßen nach Ventimiglia und in die französischen Seealpen) wurde sie von den Savoyern im 14. Jh. zur Festung ausgebaut und später von den Franzosen nahezu pausenlos umzingelt (sieben Belagerungen allein zwischen 1542 und 1799). Die zahlreichen kriegerischen Auseinandersetzungen haben viel von der mittelalterlichen Substanz zerstört, aber offenbar auch die Freiheitsliebe und den Widerstandsgeist der Bevölkerung geprägt: Im Zweiten Weltkrieg war Cuneo mit seinen Alpentälern eine der stärksten Bastionen der *resistenza.* Ihrem Vorkämpfer, dem später von den Faschisten erschossenen Cuneser Anwalt Tancredi »Duccio« Galimberti, ist der zentrale Platz der Stadt gewidmet.

Der Weg ist das Ziel:
Wandern in den Valli di Cuneo

BESICHTIGUNGEN

Altstadt

Die *P. Galimberti,* mit 24 000 qm einer der größten Plätze Piemonts und in ihrer arkadengeschmückten Weitläufigkeit an die P. San Carlo in Turin erinnernd, trennt das moderne Cuneo von der Altstadt. Wer von hier aus durch die zentrale *V. Roma* und ihre Quer- und Parallelgassen bummelt, sieht die Geschichte der Stadt in ihren *portici*, den Bogengängen, festgeschrieben. Da gibt es niedrige, fast plump wirkende Laubengänge, die an bedrückendes Mittelalter denken lassen, vor allem in der *V. Mondovì*, in der mit der alten *Synagoge* (15. Jh.) und der Kirche *S. Sebastiano* (1320) die Aura der Vergangenheit besonders gut konserviert ist. Da gibt es die Arkaden unter den koketten Barockfassaden der *V. Roma*, in denen man einst Pferde unterstellte und Waren lagerte, und schließlich die prunkvollen Arkadengänge der Belle Époque in der Neustadt. Sehenswert ist der hoch aufragende *Palazzo Municipale* (Rathaus), ein ehemaliges Jesuitenkloster (1631), das im Jahr 1775 von der Stadt erworben und von Angelo Persico mit Fresken ausgemalt wurde.

S. Croce

Die schönste der drei Barockkirchen Cuneos ist kaum zu übersehen: Ihre mit Fresken und blauem Marmor geschmückte, nach innen gewölbte Fassade signalisiert bereits nach außen: Achtung, Schmuckstück! Erbaut wurde S. Croce in den Jahren 1709–1715 von Francesco Gallo, einem piemontesischen Architekten, der in der Ebene südlich von Turin viele fast rokokohaft verspielte Kirchen gebaut hat. Auch S. Croce, deren Grundriß zwei gekreuzte Ellipsen bilden, ist üppig ausgemalt und dekoriert. In der Apsis steht ein kleines gotisches Holzpult, von dem der Legende nach der hl. Bernardino von Siena den Armen gepredigt hat. *Tgl. 8–12 und 15 bis 18 Uhr, V. S. Croce*

MARCO POLO TIPS FÜR DEN WESTALPENBOGEN

1 Saluzzo
Mittelalterliches Stadtbild von seltener Geschlossenheit und Harmonie (Seite 51)

2 Manta
Die gotischen Fresken im Schloß sind nicht nur schön, sondern auch unterhaltsam (Seite 54)

3 Val Maira
Wilde Alpenlandschaft, uralte Dörfer und versteckte Kunstschätze (Seite 51)

4 Sacra di S. Michele
Die tausendjährige Abtei ragt wie ein Finger Gottes in den Himmel (Seite 58)

5 Fenestrelle
Die gigantomanische Bergfestung ist ein eindrucksvolles Mahnmal für den Frieden (Seite 57)

MUSEEN

Museo Civico

Selbst wer sich weder für Stadtgeschichte noch für Folklore, Kunsthandwerk, prähistorische Funde, die kostbare Gemälde- und die Trachtensammlung interessiert, könnte Gefallen am Museum finden, denn es ist sehr ansprechend im ehemaligen Kloster S. Francesco eingerichtet. Die zugehörige Kirche, im 13. Jh. im gotischen Stil errichtet, ist das wichtigste mittelalterliche Bauwerk der Stadt. Schön das dekorative Marmorportal und der Campanile aus dem Jahr 1399. Die Kirche wurde jedoch schon 1793 entweiht und als Kaserne und Markthalle genutzt. *Di–Sa 8.30–13 und 14.30–17.30 Uhr, Eintritt frei, V. S. Maria 10a*

Casa Museo Galimberti

Eine reichhaltige Bibliothek, Schriftstücke und viele Erinnerungen halten in seinem Geburtshaus das Bild des Resistenza-Kämpfers und Nationalhelden Duccio Galimberti lebendig. *Besichtigung auf Anfrage, Tel. 0171/ 69 33 44, P. Galimberti 6*

RESTAURANTS

Osteria della Chiocciola

Ein guter Barbaresco oder Barolo aus dem phantastischen Weinkeller der »Osteria der Schnecke« begleitet die relativ leichten und frischen Varianten der klassischen piemontesischen Küche. *So geschl., V. Fossano 1, Tel. 0171/ 662 77, Kategorie 2–3*

Plat d'Etain

Leberterrine mit Armagnac, Lachs in Chablissauce und Crème Caramel – hier schmeckt man, daß Frankreich nahe ist. *So geschl., Corso Giolitti 18, Tel. 0171/ 68 19 18, Kategorie 2–3*

EINKAUFEN

Dienstags und am Freitagvormittag erhält die großflächige *P. Galimberti* ein ganz anderes Gesicht – denn dann findet dort unter ausladenden Schirmen der große *Markt* statt. Um die alte *V. Mondovì* herum gibt es ein paar charmante *Antiquitätengeschäfte;* im übrigen halte man sich an die leiblichen Genüsse: Die *Salumeria Ariano (Do-Nachmittag geschl., V. Pascal 8)* ist weithin berühmt für alles, was sich räuchern läßt; die Forellen und das Rindfleisch aus Carrù sind ein Gedicht! Außerdem gibt es den so raren wie rassen Käse Castelmagno. Die *Pasticceria Arione (P. Galimberti 14),* ein barocker Stuck- und Spiegeltempel, verkauft die besten *cuneesi* der Welt; das sind mit Rumcreme gefüllte Schokoladenkugeln, allein derentwegen sich schon ein Besuch in dieser Stadt lohnt.

HOTELS

Ligure

Gemütliches Hotel mit alter Posthaltertradition mitten in der Altstadt. *26 Zi., V. Savigliano 11, Tel. 0171/68 19 42, Fax 63 45 45, Kategorie 3*

Principe

Ein schön restaurierter Altbau mit allen Annehmlichkeiten (nur ein Restaurant fehlt), direkt an der P. Galimberti gelegen. Was will man mehr? *42 Zi., P. Galimberti 5, Tel. 0171/69 33 55, Fax 675 62, Kategorie 2*

AUSKUNFT

APT

Corso Nizza 17, 12100 Cuneo, Tel. 0171/69 32 58, Fax 69 54 40

ZIELE IN DER UMGEBUNG

Limone Piemonte (115/D 5)

Das 1600-Ew.-Städtchen mit dem hübschen Namen liegt auf 1000 m Höhe an der Paßstraße nach Ventimiglia und ist ein beliebter Wintersportort. Vom Gigantismus der künstlichen Skistationen der Alpen ist hier überhaupt nichts zu spüren. Limone ist ein gewachsenes Dorf mit gemütlichem Zentrum samt gotischer Pfarrkirche, hat aber immerhin 80 km Pisten, die bis auf gut 2000 m hinaufführen. In der Hotellerie dominieren nette, kleine Zwei- und Dreisternehotels; modern und mit schöner Aussicht das *Le Ginestre (18 Zi., Corso Nizza 68, Tel. 0171/92 75 96, Fax 92 75 97, Kategorie 2)*. Ein guter Tip für ein rustikales piemontesisches Essen ist *Lu Tats (Di und außerhalb der Saison mittags geschl., Via S. Maurizio 5, Tel. 0171/ 92 90 61, Kategorie 2)*. Weitere Auskünfte erteilt das *IAT (V. Roma 30, 12015 Limone Piemonte, Tel. 0171/921 01, Fax 92 70 64)*.

Auf dem Weg von Cuneo nach Limone kommt man durch das Dorf *Vernante*, in dem der berühmte »Pinocchio«-Illustrator Attilio Mussino einige Jahre lang lebte. Heute erinnern ca. 50 an die Hauswände gemalte Pinocchio-»Fresken« an den Künstler und sein Werk.

Mondovì (115/E 4)

Weithin zu erkennen ist die schöne gotische Oberstadt von Mondovì (22 000 Ew.), Piazza genannt und auf einem hohen Felsplateau oberhalb des Flusses Ellero gelegen. 150 m weiter unten breitet sich die belebte barocke Unterstadt aus, das Zentrum aller Aktivitäten. Oben aber (zu erreichen mit der Zahnradbahn) findet der Besucher himmlische Ruhe und malerische Winkel vor. Die *P. Maggiore* mit ihren gotischen Palazzi ist das Zentrum des alten Mondovì, das von den Savoyern im 16. Jh. zur uneinnehmbaren Festung ausgebaut wurde. Heute sind die Wehranlagen verschwunden, und Barockkirchen beherrschen das Szenarium. Die raffiniert ausgemalte Jesuitenkirche *Chiesa della Missione* schließt die P. Maggiore nach Süden ab, während weiter oberhalb die von Gallo erbaute, prunkvolle *Kathedrale S. Donato* steht. Vom kleinen Park *Belvedere* gleich dahinter genießt man einen großartigen Weitblick; dazu schmeckt das köstliche (Frucht-)Eis aus der *Gelateria Antico Borgo (P. Maggiore 18)*.

Santuario di Vicoforte (115/F 4)

Über der Stelle eines wundertätigen Bildstockes wünschte sich der der Gegenreformation verpflichtete, fromme Carlo Emanuele I eine aufsehenerregende Wallfahrtskirche. Und die bekam er: Die Baumeister Vitozzi (Unterbau) und Gallo (Kuppel) schufen zwischen 1596 und 1731 einen der größten Kuppelbauten Europas. Von vier Ecktürmen ist die ovale Riesenkuppel umstanden, die 6000 qm Wölbungsfläche aufweist. Diese mußte – das war die wahre Herausforderung – illusionistisch ausgemalt werden. Verschiedene Spezialisten scheiterten an der unlösbar erscheinenden Aufgabe. Erst der aus Venedig herbeigeeilte Mattia Bortoloni löste das Problem mit einer seitwärts in den Himmel auffahrenden Maria. *Mo–Sa 10 bis 12 und 14.30–17.30 Uhr, So 14.30 bis 16 Uhr*

Val Maira **(114/C 3, 115/D 3)**

★ Die »Täler von Cuneo«, vier an der Zahl, führen schluchtartig und wild ins Gebirge eingegraben auf Frankreich zu, und alle lohnen sie einen Besuch. Allenthalben trifft man auf Spuren provenzalischer Kultur und Sprache, denn diese Täler wurden von Frankreich aus besiedelt.

Besonders interessant ist die Val Maira, in der gleich am Eingang, beim Dorf *Villar S. Costanzo* nahe Dronero, ein Wunderwerk der Natur zu bestaunen ist: die ca. 120 *ciciu* genannten, durch Erosion entstandenen Felsformationen, die versteinerten Pilzen gleich im Wald verstreut zwischen Birken und Kastanien stehen.

Wer sich weiter hineinwagt in das Tal, den belohnt der Anblick von wie Vogelnester kühn am Berghang klebenden, uralten Dörfern. Wildromantisch wirken diese Siedlungen, doch das Leben war bitter in solcher Abgeschiedenheit. Im Dorf *Elva* etwa (das heute noch als ärmste Gemeinde Italiens firmiert) lebten die Menschen als Perükkenmacher vom Verkauf ihrer eigenen Haare. Doch in der Pfarrkirche *S. Maria Assunta* leuchten wunderschöne Fresken des flämischen Malers Hans Clemer.

Wer den Ausflug nach Elva – die Straße balanciert irgendwo zwischen Himmel und Erde – sicher hinter sich gebracht hat, braucht vermutlich eine Erholungspause: Wie wäre es da mit dem Restaurant *Lou Sarvanot* in *Stroppo?* Zwei junge Leute bereiten köstliche, recht moderne Gerichte auf der Grundlage regionaler Produkte zu *(Mo und Di geschl., Loc. Bassura 51, Tel. 0171/99 91 59, Kategorie 3).*

SALUZZO

(115/D 2) ★ Schwer zu sagen, was den Besucher stärker in den Bann schlägt: die Lage Saluzzos am Fuße der herrlichen, fast 4000 m

»Siena von Piemont«: Saluzzos mittelalterlicher Stadtkern ist wunderbar erhalten

Keine Einzelrechnungen verlangen

In italienischen Restaurants ist es üblich, daß für den ganzen Tisch nur eine Rechnung ausgestellt wird. Der Kellner kommt mit dem *conto,* das Rechengenie in der Runde teilt die Summe durch die Zahl der Esser, und jeder zahlt seinen Anteil. So einfach ist das! Die deutsche Sitte, pfenniggenau pro Person und nach Verzehr abzurechnen, stößt beim italienischen *cameriere* hingegen nur auf wenig Verständnis. Auch in der Bar oder abends in der *birreria* sollte man südländische Großzügigkeit walten lassen, statt jeweils umständlich Einzelgetränke zu bezahlen. Solange man sich mit den Runden abwechselt, kommt es eh auf das gleiche heraus.

hohen Felspyramide des Monviso oder die mittelalterliche Geschlossenheit des Stadtbildes, das der 15 000-Ew.-Ortschaft den Beinamen »Siena von Piemont« einbrachte. Dieses schöne Kompliment verdankt Saluzzo vor allem seinen kunstsinnigen Markgrafen, die die Stadt zwischen dem 13. und dem 16. Jh. zu einer prächtigen Residenz ausbauten. Stur verteidigten sie ihre Unabhängigkeit gegenüber den Savoyern, die natürlich immer wieder Ansprüche auf die Grafschaft erhoben. Eng dagegen war der Zusammenhalt mit der französischen Dauphiné und entsprechend groß der französische Einfluß auf die Kunst, vor allem der Gotik. Daß sich das mittelalterliche Saluzzo so wunderbar erhalten hat, ist jedoch in erster Linie den Savoyern zu verdanken. Als sie 1588 die Grafschaft endlich in die Finger bekamen, stellten sie fest, daß die Stadt strategisch uninteressant war und ließen sie relativ unberührt. Zum Glück! Heute teilt sich Saluzzo in eine im 18. Jh. entstandene Unterstadt und in die historische Oberstadt, die sich an einem Ausläufer des Monviso hinaufzieht und vom alten, später zur Festung ausgebauten wuchtigen Schloß der Markgrafen begrenzt wird (heute Gefängnis). Von den Saluzzesi heißt es übrigens noch heute, sie bemühten sich, von Turin so wenig als nur möglich abhängig zu sein.

BESICHTIGUNGEN

Dom S. Maria Assunta

Kunstgeschichtlicher Höhepunkt der Unterstadt ist der Dom, die jüngste (spät-)gotische Kathedrale Piemonts (1491–1501). Aus Backstein gebaut und von einem zierlichen barocken Glockenturm flankiert, beeindrucken im Inneren die weiten Proportionen des Mittelschiffs und der Chorumgang. Sehenswert auch die Altarbilder des Flamen Hans Clemer in der Seitenkapelle links vom barocken, mit Marmorstatuen geschmückten Hauptaltar. *Tgl. 9–12 und 15–18 Uhr, P. Risorgimento*

S. Giovanni

S. Giovanni entstand 1281 als kleine Privatkapelle und wurde 1325 den Dominikanermönchen vermacht, die sie 1370 durch eine dreischiffige Basilika ersetzten und ein Kloster anbauten. 50 Jahre später war auch die Basilika zu klein geworden und wurde – der komplizierten Hanglage wegen kein leichtes Unterfangen – deutlich verlängert. Der Chor wurde erst 1504 fertiggestellt und sollte den Markgrafen als Grabeskapelle dienen. Heute erfreut er das Auge: Grüngrauer Kalkstein aus dem nahen Sampèyre bildet die Basis, feines Flamboyantmaßwerk gliedert und schmückt den rechten Rahmen für den Sarkophag von Ludovico II, dem einzigen Markgrafen, der hier seine letzte Ruhe fand. Auch in den romantischen, palmenbestandenen Kreuzgang sollte man einen Blick werfen. *Tgl. 9–12 und 15–18 Uhr, V. S. Giovanni*

Spaziergang zum Schloß

Nach einem kleinen Bummel unter den Bogengängen des *Corso Italia* geht es durch die *Porta S. Maria* direkt hinein ins Mittelalter. Gesäumt von niedrigen, finsteren Bogengängen – *Via Porti Scür* sagen die Einheimischen denn auch folgerichtig, Straße der dunklen Tore – führt die Gasse zur *P. dei Mondagli,* wo das Geburtshaus *Silvio Pellicos* steht, des Dichters und Risorgimento-Vorkämpfers. Jetzt geht es im steilen Zickzack bergauf zur *Salita di Castello,* der im 15. Jh. mit gotischen Adelspalästen zur Prachtstraße ausgebauten Zufahrt zum Schloß. Rechter Hand steht der 1462 erbaute *Palazzo del Comune* mit der *Torre Civica,* Symbol der markgräflichen Unabhängigkeit. Man kann hinaufsteigen *(Mi–So 9–12 und 15–18.30, Winter bis 17.30 Uhr, 2500 Lit).* Direkt vor den Schloß- bzw. Gefängnismauern sprudelt ein uralter Springbrunnen: Die *Fontana della Drancia* stammt aus dem Jahr 1481.

MUSEUM

Museo Civico Casa Cavassa

Die Casa Cavassa ist der wohl schönste und besterhaltene Renaissancepalast ganz Piemonts. 1883 kaufte der Marchese d'Azeglio das Anwesen und trug dort eine Sammlung von Möbeln und Kunstwerken aus dem 15. und 16. Jh. zusammen. Diese ergänzen sich mit der Bausubstanz, den prachtvollen Ausmalungen und Balkendecken des Palastes aufs feinste. Kaum ein anderes Museum im Piemont entläßt einen so beglückt in die Gegenwart. Ein Traum! *Di–So 9–12.15 und 15–18.15 (im Winter bis 17.15) Uhr, 5000 Lit, V. S. Giovanni 5*

RESTAURANTS

Gargotta del Pellico

Das Restaurant hat sich im Geburtshaus (15. Jh.) des Dichters Silvio Pellico eingerichtet. Der Rahmen ist edel-gediegen, gekocht wird piemontesisch, doch mit Phantasie. *Mi-Mittag und Di geschl., P. dei Mondagli 5, Tel. 0175/468 33, Kategorie 2*

Osteria dei Mondagli

Gleich gegenüber der »Gargotta« überzeugt die Konkurrenz mit frischer Pasta, jugendlichem Ambiente und – im Sommer – ein paar eng zusammengestellten Tischen im Freien, an denen es der romantischen Altstadtstimmung wegen besonders gut schmeckt. Ein »Dehors« nennen das die französisch geprägten Piemontesen. *Mi geschl., P. dei Mondagli 1, Tel. 0175/463 06, Kategorie 2*

EINKAUFEN

Seit dem 18. Jh. ist Saluzzo als Hochburg der Kunsttischler und Holzschnitzer berühmt. Alle zwei Jahre (1998, 2000 ...) im Mai findet hier die nationale Antiquitätenmesse *Mostra di Antiquariato* statt; wer zur falschen Zeit kommt, findet auch bei *Antichità Costa (Salita al Castello 8)* schöne lokale Antiquitäten aus Holz und Keramik.

HOTEL

Leider fehlt es in Saluzzo an zum historischen Stadtbild passenden alten, traditionsreichen Hotels. Man muß sich zwischen relativ unpersönlichen Neubauten entscheiden.

Astor
Zentral gelegenes, komfortables Dreisternehotel. Wer ein Zimmer nach vorne heraus bekommt, hat einen schönen Blick auf die P. Garibaldi samt Dom. *25 Zi., P. Garibaldi 39, Tel. 0175/455 06, Fax 474 50, Kategorie 2*

AM ABEND

Birreria La Drancia
🟊 An lauen Sommerabenden der beste Tip. Drinks und *patatine* im Freien unterhalb der alten Schloßmauern. *Mo geschl., P. Castello*

AUSKUNFT

APT
V. Griselda 6, 12037 Saluzzo, Tel. 0175/467 10, Fax 467 18

ZIELE IN DER UMGEBUNG

Abbazia di Staffarda **(115/D 2)**
1135 stifteten die Saluzzeser Markgrafen diese Zisterzienserabtei. Die Mönche widmeten sich sogleich erfolgreich der Urbarmachung des Landes und müssen auch sonst sehr geschickt gewesen sein: Bald gehörten zum Kloster 200 Ländereien. Die Abtei häufte dadurch riesige Reichtümer an, gab aber auch einiges zur Verschönerung ihrer Bauten aus. Und das sieht man! Das hervorragend erhaltene Kloster (heute ein großes Landgut) ist eine kleine, stille Welt für sich. Hinter der Kirche, einer Basilika, die in der für die Zisterzienser typischen ruhigen und klaren Linienführung (12. Jh.) gehalten ist, staffeln sich drei Höfe. Der äußerste – die *forestiera* – war mit seinem zweischiffigen Speisesaal vor allem für die Versorgung der Pilger angelegt. Dahinter tat sich der Hof der Laienbrüder auf, während der dritte Hof allein den Mönchen vorbehalten war. Er umschließt einen hinreißend schönen Gartenkreuzgang, in dem Rosen blühen. Besucher, denen nach einer Stärkung zumute ist, sollten sich an die Klostergaststätte wenden, wo köstliche, selbstgemachte Maisplätzchen – *melicotti* – bereitstehen. *Di–So 9–12.30 und 14.30 bis 18 Uhr, 8000 Lit*

Manta **(115/D 2)**
★ Das *Castello di Manta (Di–So 10–13 und 14–18 Uhr, 5000 Lit)* gehörte zu den Festungen, mit denen die Saluzzeser Markgrafen ihr Territorium zu sichern suchten. Eine gewisse Vorstellung vom höfischen Leben im 15. Jh.

erhält, wer sich im gotischen Festsaal des Schlosses in die großartigen Fresken vertieft: Der Giacomo Jaquerio zugeschriebene Zyklus enthält Szenen aus dem Ritterepos »Le Chevalier Errant«, geschrieben von dem Universaltalent Markgraf Tommaso III. An der anderen Saalwand sind Szenen der damals bei Hofe sehr beliebten Jungbrunnenallegorie zu bewundern: Wackelige Greise in Unterwäsche schieben sich mit letzter Kraft über den Brunnenrand, um als neugeborene Jungspunde umgehend wieder das amüsante Ritterleben aufzunehmen... Die um 1440 entstandenen Fresken zählen zu den bedeutendsten der internationalen Gotik.

Solide Küche, in reichlichen Portionen aufgetragen, sowie Gelegenheit zur Übernachtung offeriert die Großfamilie Chiarva in ihrer ❂ *Azienda agrituristica Le Camelie* oberhalb der Burg *(3 Zi., V. Collina 4, Tel. 0175/85422, Kategorie 3).*

WESTLICHE ALPENTÄLER

Eine Stunde mit dem Auto, und schon ist man mittendrin in der schönsten Bergwelt. Die Nähe zu den Alpen hat viele Turiner dazu bewogen, sich in den Tälern westlich der Stadt eine Ferienwohnung zuzulegen. Erfrischende Kühle im Sommer, beste Schneeverhältnisse im Winter und viel unberührte Natur – das sind nur einige der Argumente, die für die Täler von Susa, Chisone und Pellice sprechen. Doch auch wer Spuren der Geschichte sucht, Burgen und Befestigungen zumal, kommt nicht zu kurz.

Parco Nazionale del Gran Paradiso (110/C 2–3, 111/D 2–3)

Die Regionen Valle d'Aosta und Piemont teilen sich diesen 1922 gegründeten, 450 qkm großen Nationalpark. In seiner Mitte ragt der Gran Paradiso empor,

Im Parco Gran Paradiso sagen sich Gemse und Hermelin gute Nacht

4061 m hoch und dem Vernehmen nach der am leichtesten zu besteigende Viertausender der Alpen. Der Park gilt als Dorado für die raren Steinböcke; diese wurden bereits 1821 durch ein Dekret des savoyardischen Königshauses, das hier zu jagen pflegte, unter Schutz gestellt. Aber auch andere seltene Tierarten wie Gemsen, Murmeltiere, Hermeline und Steinadler sind hier heimisch. Die Landschaft ist überaus reizvoll; einige eiskalte Bergseen laden zur Erfrischung, und selbst Gletscher hat der Park zu bieten – ein Neuntel seiner Oberfläche ist vom ewigen Eis bedeckt. Dank des noch aus Savoyerzeiten erhaltenen Netzes an Jagdwegen und Hütten kommt man recht problemlos auch in höhere Regionen. Zugang zum Park in den Ortschaften *Ronco, Ceresole Reale* und *Noasca,* Auskunft erteilt die *Ente Parco Nazionale del Gran Paradiso, V. della Rocca 47, 10100 Torino, Tel. 011/ 817 11 87.*

Val del Chisone
(110/B-C 5-6, 111/D 6)

Der Name dieses Tals dürfte bislang kaum ins Ausland gedrungen sein, doch eine hier in luftiger Höhe angesiedelte Ortschaft genießt mittlerweile Weltruhm: *Sestriere* (830 Ew.), die von Fiat-Gründer Giovanni Agnelli in den dreißiger Jahren auf 2000 m aus dem Boden gestampfte Skistation. 400 km Pisten, 91 Lifte und Schneesicherheit bis in den April machen Sestrieres Skigebiet (*Via Lattea,* Milchstraße, genannt) zu einem der größten Skizirkusse Europas; die letzte Weihe war erreicht, als hier 1997 die Ski-WM ausgetragen wurde. Wahrzeichen des Ortes sind die runden Hoteltürme, allen voran das feine *Principi di Piemonte (94 Zi., V. Sauze 3b, Tel. 0122/79 41, Fax 75 54 11, Kategorie 1);* doch die restliche Bebauung, brutal in die Landschaft geklotzte Hotelkästen, ist nichts für Ästheten. *Auskunft: IAT, V. Pinerolo 14, 10058 Sestriere, Tel. 0122/ 75 54 44, Fax 75 51 71.*

Und täglich grüßt das Murmeltier: Nationalpark Gran Paradiso

Die Marco Polo Bitte

WWF

Marco Polo war der erste Weltreisende. Er reiste in friedlicher Absicht, verband Ost und West. Er wollte die Welt entdecken, fremde Kulturen kennenlernen, nicht zerstören. Könnte er für uns Reisende des 20. Jahrhunderts nicht Vorbild sein? Aufgeschlossen und friedlich sollte unsere Haltung auf Reisen sein. Dazu gehören auch Respekt vor Mensch und Tier und die Bewahrung der Umwelt.

Skifahrern mit romantischem Naturell sei dagegen das alte, gewachsene *Cesana* empfohlen, das neben seiner romanischen Kirche *S. Giovanni Battista* (man beachte das Walfries über dem Portal!) über ein charmantes, kleines Hotel verfügt, in dem einst schon Umberto I von Savoyen abstieg *(Hotel Chaberton, 27 Zi., V. Roma 10, Tel. 0122/891 47, Fax 89 71 63, Kategorie 2)*. In Cesana gibt es per Lift einen bequemen Seiteneinstieg in die Via Lattea.

Zu den Höhepunkten einer Fahrt durch die Val del Chisone gehört die ★*Festung von Fenestrelle*, deren gigantische Ausmaße den unvorbereiteten Reisenden geradezu erschrecken können. Erbaut im 18. Jh. von den damals das Tal besetzt haltenden Franzosen, zieht sich das Wehr (nach der chinesischen Mauer das größte Mauerwerk der Welt!) 3 km lang und über 700 Höhenmeter den Berg hinauf. Die Anlage besteht aus verschiedenen Forts, verbunden durch den berühmten »Treppentunnel« mit 3850 Stufen *(geöffnet Sa und So nur nach Voranmeldung, Tel. 0122/836 00, Halbtagesführung 6000 Lit)*. Mit dem Bau von Fenestrelle haben die Franzosen zweifellos übertrieben, aber man muß sich auch vor Augen halten, daß immer wieder Kriegsheere über die Westalpen zogen und die Paßtäler deshalb zu schützen waren. Über den Montgenèvre-Paß und die Val del Chisone waren z.B. schon Hannibal und seine Elefanten nach Italien gelangt.

Friedlicher geht es unterhalb von Fenestrelle am *Lago Laux* zu, einem kleinen Bergsee, romantisch am Rande des *Naturparks Orsiera-Rocciavrè* gelegen. Im gleichnamigen Hotelrestaurant direkt am See ißt man köstliche Polenta und Forellen und schläft in gemütlichen Zimmern *(Albergo Lago Laux, 6 Zi., Mi geschl., V. al Lago 7, Usseaux, Tel./Fax 0121/839 44, Kategorie 2–3)*.

Am Talausgang, in der Ebene schon, liegt *Pinerolo* (35 000 Ew.), das geschäftige Wirtschaftszentrum der Region, das den Beinamen »Nizza von Piemont« trägt. In erster Linie der oft milden Winter wegen, aber vielleicht spielt sogar das Stadtbild eine Rolle: Auch Pinerolo hat eine mittelalterliche Altstadt, die sich den Berg hinaufzieht, und eine barocke, rechtwinklig angelegte Unterstadt. Ganz oben liegen die fünfschiffige Kirche *S. Maurizio* (1470, illusionistische Ausmalung) und der *Palazzo dei Principi d' Acaja*, ein Musterbeispiel eines spätgotischen Stadtpalais. Das *Museo dell' Arma di Cavalleria (Di, Mi, Fr–So 9–11.30 und Di, Mi, Fr,*

Sa 15–17 Uhr, Eintritt frei, Viale Giolitti 5) erzählt anschaulich die Geschichte der berittenen Regimenter. Etwas außerhalb, in *S. Secondo di Pinerolo,* gibt's bei *La Ciau* Zickleinbraten und danach superbe Bergkäse *(Mi geschl., V. Castello Miradolo 2, Tel. 0121/50 06 11, Kategorie 2).*

Val Pellice (114/C 1, 115/D 1)
Die Bekanntheit der Val Pellice hat religiöse Gründe: Hier lebt die größte Gemeinde der Waldenserkirche, einer protestantischen Glaubensgruppe, deren Wurzeln auf das Jahr 1170 zurückgehen. Damals gründete Petrus Waldus aus Lyon seine Laienpredigergruppe. Diese vertrat ein auf freiwilliger Armut basierendes Lebenskonzept, lehnte die kirchlichen Sakramente, den Ablaß und die Heiligenverehrung ab und wurde, nicht weiter überraschend, von Rom hart verfolgt. Auf der Flucht vor der Inquisition siedelten sie sich ab dem 14. Jh. in der Val Pellice an, wo bis heute rund 30 000 Gläubige leben. Die Spuren waldensischer Kultur im Tal sind nicht zu übersehen. Die Dörfer strahlen eine solide, nüchterne Ordnung aus; aus den Kirchenbauten spricht große Bescheidenheit.

Im Hauptort *Torre Pellice* (4600 Ew.) bietet das *Museo Storico Valdese (Do, Sa und So 15–18 Uhr, 5000 Lit, V. Beckwith 3)* einen guten Einblick in Geschichte und Kultur der Waldenser. Auch die *Waldenserkirche* von 1852 lohnt einen Blick: Der klare, sparsam geschmückte Innenraum hat etwas spürbar Befreiendes.

Von Torre Pellice führt nördlich ein kleines Seitental nach *Angrogna* mit der ältesten Waldenserkirche. Sie wurde mehrmals zerstört und wieder aufgebaut. Von der protestantischen Genügsamkeit der Waldenser darf man übrigens nicht auf langweilige Speisen schließen: Das Restaurant *Flipot* in Torre Pellice, in dem u.a. phantasievoll abgeänderte waldensische Gerichte wie *Supa barbetta,* eine nahrhafte Fleisch-Brot-Käse-Suppe zubereitet werden, erfreut sich bis nach Turin größter Beliebtheit. Es gibt auch sieben Gästezimmer*(im Winter Mo und Di geschl., Corso Gramsci 17, Tel. 0121/ 95 34 65, Fax 912 36, Kategorie 2).*

Val di Susa (110/A–C 5, 111/D 5)
Der tiefe Einschnitt zwischen zwei Bergrücken, der bei Avigliana den Eingang in die Val di Susa markiert, ist bei klarem Wetter von Turin aus deutlich zu erkennen. Das Susatal ist seit jeher als Durchgangstal nach Frankreich bedeutungsvoll; seit 1871 gelangt man bequem durch den Fréjus-Tunnel hinüber. *Avigliana* am Taleingang ist ein hübsches Städtchen mit gut erhaltenem mittelalterlichem Zentrum (sehenswert *V. Umberto* und *P. Conte Rosso* mit ihren gotischen Bürgerhäusern sowie die romanisch-gotische Kirche *S. Pietro*).

Von hier aus führt eine Straße zwischen zwei kleinen (leider ziemlich verschmutzten) Seen auf den Gipfel des 962 m hohen *Monte Pirchiriano* und zu einem der größten sakralen Bauwunder Norditaliens, der ★ *Sacra di S. Michele.* Eine 1000jährige Abtei, die rund 700 m über dem Talgrund auf einem Felsgrat steil in den Himmel ragt. »Mont St-Michel von Italien« wird die Abtei gern genannt – wohl auch wegen ihres

Seit 1000 Jahren erhebt sich S. Michele über dem Susatal

Festungscharakters. Wie ein Wehr gegen alle aus dem Tal, aus dem Westen kommenden Gefahren wirkt sie auf den Besucher. Im 12. Jh. entstand hier ein Benediktinerkloster (mit ausgesprochen kampfeslustigen Mönchen) mit zugehöriger Kirche, die in einer architektonischen Meisterleistung den gesamten Berggipfel umschließt *(Di–So 9–12 und 15–17 Uhr).*

Historisch interessant ist auch *Susa,* der Hauptort des Tales (7000 Ew.) mit seinen römischen Relikten wie dem Kaiser Augustus gewidmeten *Triumphbogen* (13 v. Chr.), dem Stadttor *Porta Savoia* oder den Resten des *Amphitheaters.* Diese Spuren verdanken sich der Tatsache, daß Susa zu Zeiten des Keltenfürsten Cottius mit den Römern verbündet war.

Weiter auf dem Weg gen Westen kommt man in der Ortschaft *Exilles* an einer alten, im 17. Jh. stark ausgebauten Festung vorbei, die bis 1943 »in Betrieb« war. Am meisten touristischer Rummel herrscht in *Sauze d'Oulx* (1509 m) und in Bardonecchia (1312 m), beides alte Ortschaften, die durch den umfangreichen Bau von Apartmenthäusern jedoch den Charakter relativ anonymer Urlaubsstationen angenommen haben. In *Bardonecchia* (3000 Ew.) kann man sehr gut Ski fahren (Pisten bis auf 3000 m) und im *La Scala* köstlichen Rehbraten mit Polenta essen *(Mo geschl., Loc. Melezet 109, Tel. 0122/ 995 73, Kategorie 3).* Im Hotel *La Quiete* schläft man ruhig inmitten eines Kiefernwaldes *(14 Zi., Viale S. Francesco 26, Tel./Fax 0122/ 99 98 59, Kategorie 2–3).*

Das Meer der tausend Hügel

Hier schlägt das weinselige Herz des Piemont

Das Monferrato ist das Herz des Piemont. Eine ausgedehnte Hügellandschaft, im Norden vom Po begrenzt, die sich über die Langhe weit nach Süden bis zum Apennin erstreckt. Doch das Auge sieht sich nicht so schnell satt an seiner Schönheit: Zu stimmungsvoll präsentieren sich die endlosen Hügelketten, die aussichtsreich gelegenen, mittelalterlichen Dörfer, Burgen und Barockkirchen, die unzähligen Weinstöcke, die die Hänge hinaufwachsen. Aber auch die Städte – Alba und Asti, Casale und Acqui Terme – bieten reichlich Kunstgenuß und Atmosphäre.

ACQUI TERME

(116/B 2) Ligurien ist nicht mehr weit, das spürt der Besucher auf Schritt und Tritt in Acqui (20 000 Ew.): Auf den Plätzen und in den Gassen des mittelalterlichen Zentrums, das den Hügel zum Castello dei Paleologhi hinaufwächst, herrscht mediterraneres Flair als irgendwo sonst im Piemont. Acqui gilt als die Geburtsstadt des piemontesischen Fremdenverkehrs, denn bereits zu Zeiten der Römer war das Städtchen »Aquae statiellae« seiner heiß sprudelnden Heilquellen wegen die führende Kuradresse der Gegend. Auch heute noch prägt der Bäderbetrieb das Stadtbild; es gibt zwei Thermen und Hotels mit vielfältigen Schönheits- und »Wellness«-Einrichtungen. Das Heilwasser enthält Natrium, Brom und Jod und wird besonders bei Erkrankungen der Atemwege empfohlen. Jenseits des Flüßchens Bormida zeugen die Überreste eines gewaltigen Aquädukts von der römischen Vergangenheit Acquis; im Stadtzentrum selbst dominieren Romanik und Barock.

Verstreut im grünen Hügelmeer um Alba liegen jene Weindörfchen, deren Namen Kenner (wein-)selig machen

BESICHTIGUNGEN

Basilika S. Pietro

Der sehr schön gegliederte und von einem achteckigen Glockenturm gekrönte Bau aus der Frühromanik wurde 1960 komplett und originalgetreu restauriert. S. Pietro war die erste Kirche Acquis. *P. Addolorata*

Brunnenhäuschen
Das Brunnenhäuschen in der *V. Saracco,* in dem dampfend und unter Schwefelgestank die 75 Grad heiße Quelle *La Bollente* entspringt, ist klassizistisch, sieht aber genau deshalb sehr römisch aus. Darunter liegen – bislang noch unzugänglich – die *Mosaikfußböden* der alten römischen Thermen verborgen. Das Brunnenhaus gilt als Wahrzeichen Acquis.

Dom S. Maria Assunta
Der massige, romanische Dom wurde im 11. Jh. erbaut und im Laufe der Zeit zahlreichen »Modernisierungen« unterzogen. Aus der Romanik sind drei halbrunde Apsiden, das Querschiff, der Glockenturm und die sechsschiffige, säulengestützte Krypta erhalten. Dort ruhen die Gebeine des hl. Guido. *Führungen Sa 16 bis 17 Uhr, P. del Duomo*

MUSEUM

Museo Archeologico
Im mächtigen, die Stadt überragenden Castello dei Paleologhi (11. Jh.) breitet das archäologische Museum der Stadt seine Funde aus römischer Zeit aus, darunter sehr gut erhaltene Stelen, ein elegantes Trinkglas und Bronzestriegel, mit denen sich Gladiatoren den Schweiß abzuwischen pflegten. *Mi–Sa 9–12 und 16–19 Uhr, So 15–18 Uhr, 6000 Lit, V. Domenico Barone*

RESTAURANTS

Ciarlocco
Phantasievolle, gute Küche. Am allerbesten aber fährt, wer sich an die Kreationen mit piemontesischem Käse hält, z.B. an *gnocchi al castelmagno. Di-Abend und Mi geschl., V. Don Bosco 1, Tel. 0144/ 577 20, Kategorie 2*

Farinata da Gianni
Eine *farinata* ist ein dünner Fladen aus dem Mehl von Kichererbsen, der eigentlich in Ligurien beheimatet ist, bei Gianni aber trotzdem sensationell gut schmeckt. Vielleicht liegt's am mit Kastanienscheiten geheizten Holzofen? *Do–Di 8–22.30 Uhr, Mi geschl., V. Mazzini 32, Tel. 0144/32 42 83, Kategorie 3*

EINKAUFEN

Enoteca Regionale
In den alten Kellergewölben des *Palazzo Robellini* aus dem 11. Jh. kann man die besten Weine der Region verkosten und kaufen. *Mo geschl., P. Levi*

HOTELS

Garbarino
Kleines, ordentliches und familiär geführtes Haus in der Nähe der Thermen. *13 Zi., Viale Einaudi 7, Tel. 0144/32 24 77, Fax 32 32 42, Kategorie 3*

Hotel Nuove Terme
Von etwas verblichener Pracht, aber immer noch das erste Haus am Platze. Das ehemalige »Grand Hôtel Thermes« verfügt über interne Kureinrichtungen. *72 Zi., P. Italia 1, Tel. 0144/ 32 21 06, Fax 32 49 09, Kategorie 2*

SPIEL UND SPORT

Antiche Terme
Herrliches Bad im Stil der Belle Époque, mitten in einem großen Park mit Schwimmbad, Tennis-

plätzen und Solarium gelegen. *Tgl. 8–16.30 Uhr, Viale Donati*

AUSKUNFT

APT
Corso Bagni 8, 15011 Acqui Terme, Tel. 0144/32 21 42, Fax 32 21 43

Terme di Acqui Spa
Für Auskünfte zu Kuren. *P. Italia 1, 15011 Acqui Terme, Tel. 0144/ 32 43 90, Fax 35 60 07*

ZIELE IN DER UMGEBUNG

Gavi **(117/D 2)**
Nur knapp 5000 Ew. und am äußersten Südostrand des Piemont gelegen – warum nur kennt jeder Gavi? Natürlich des gleichnamigen, aus der Cortese-Traube gewonnenen Weißweines wegen. Dabei hat Gavi, dessen ligurische Atmosphäre aus 600 Jahren genuesischer Herrschaft rührt, einiges mehr zu bieten. Ein gewaltiges *Kanonenfort* z.B., das die Genueser im 17. Jh. zur Sicherung der Verbindungswege in die Po-Ebene erbaut haben (das Städtchen selbst diente allein der Versorgung dieser Festung). In der romanischen Pfarrkirche *S. Giacomo* gibt es gotische Fresken zu sehen und ein Renaissancemadonnenbild von Gandolfino d'Asti. Übernachten und essen – beides ländlich-rustikal – kann man in der *Azienda agrituristica Valle del Sole (Nov. bis Ostern geschl., Loc. S. Martino Alice, Tel. 0143/64 31 02, Kategorie 3).*

Ovada **(116/C 2)**
Das kleine Handels- und Wirtschaftszentrum des Orbatales (12 000 Ew.) liegt verkehrsgünstig zwischen Genua und Alessandria und besitzt eine pittoreske, hoch über dem Fluß gelegene Altstadt. Sehenswert ist neben dem *Oratorio dell'Annunziata* (Triptychon aus dem 13. Jh.) und dem *Palazzo Spinale* mit einer ansehnlichen Gemäldesamm-

MARCO POLO TIPS FÜR MONFERRATO UND LANGHE

1 Abbazia di Vezzolano
Das eindrucksvollste Beispiel für romanischen Kirchenbau im Monferrato (Seite 71)

2 Asti
Die wunderschöne historische Altstadt läßt die Gegenwart in Vergessenheit geraten (Seite 68)

3 Alto Monferrato bei Ovada
Wild und waldig und schluchtenreich – die Hügellandschaft im Südosten (Seite 64)

4 Castello Grinzane Cavour
Hier lebt die piemontesische Dreifaltigkeit: ein Schloß, viel Wein und gutes Essen (Seite 67)

5 Markt in Alba
Jeden Samstag spiegelt sich hier das Landleben in den Langhe wider (Seite 66)

lung vor allem die Umgebung: Westlich der Orba gibt sich das ★ Monferrato besonders schluchtenreich und regelrecht wild. Ein lohnender Ausflug führt in das hübsche Bergstädtchen *Rocca Grimalda* (5 km nördlich) mit *castello* und schöner Aussicht und von dort zum Weingut des ehemaligen Josephine-Baker-Saxophonisten Pino Ratti, der einen ordentlichen Dolcetto di Ovada anbaut *(Scarsi Olive, Loc. S. Lorenzo, Rocca Grimalda, Tel. 0143/83 18 88)*. Hervorragend ißt man in Ovada im *La Volpina (So-Abend und Mo geschl., Strada Volpina 1 – gleich bei der Autobahnausfahrt –, Tel. 0143/86 008, Kategorie 2)*.

ALBA

(116/A2) Albas unverwechselbare Silhouette grüßt Besucher schon von weitem. Die »Hunderttürmige« hat man die im breiten Tanarotal von den Römern angelegte Stadt einmal genannt. Heute sind nur noch 20 dieser »Geschlechtertürme« genannten Prestigesymbole reicher Adelsfamilien erhalten, doch das sind immer noch genug, um einen Eindruck zu vermitteln von der mächtigen, selbstverwalteten Stadtrepublik, die Alba im Mittelalter war. Auch das fast kreisrund angelegte historische Zentrum (die Stadtmauer steht nicht mehr) hat viel von seinem altertümlichen Charakter bewahrt, was aber nicht heißen soll, daß das 30 000-Ew.-Städtchen außer altem Gemäuer nichts zu bieten hätte! Weine, Trüffeln und gutes Essen ziehen Touristen aus aller Welt nach Alba, vor allem im Oktober, wenn hier die wichtigste Trüffelmesse des Landes stattfindet. Von beschaulichem Mittelalter ist dann in den sonst so idyllischen Gassen, Arkadengängen und Plätzen nicht mehr viel zu spüren.

BESICHTIGUNGEN

Altstadt

Mittelpunkt Albas damals wie heute ist die pittoreske *P. Risorgimento* mit Dom und Rathaus, an der sich die beiden Hauptstraßen der Altstadt treffen, *V. Cavour* und *V. Vittorio Emanuele II.* In der V. Cavour stehen, eng zusammengedrängt, noch viele mittelalterliche Häuser und Paläste, einige turmbewehrt, mit typischen Bo-

Trüffeluniversität

Trüffeln sucht man in den Langhe nicht mit Schweinen (die fressen die Knollen auf), sondern mit Hunden. Am besten eignen sich Mischlingshunde, *tabui* genannt, die jedoch einer fundierten Ausbildung bedürfen. Zu diesem Zwecke gab es bis in die sechziger Jahre im Dorf Roddi eine »Universität für Trüffelhunde«. Auf dem Lehrplan stand zunächst Fasten. Dann mußten die »Studenten« begreifen, daß sie das verlockende Stückchen Brot nur bekamen, wenn sie ein verstecktes, mit Trüffelaroma getränktes Stück Stoff gefunden hatten. Ein ausgebildeter Trüffelhund ist übrigens ein Vermögen wert: Mindestens 10 000 Mark muß man für so eine Promenadenmischung hinlegen.

Alba: Stadt der dollen Knollen

gengängen. Sehenswert sind die *Loggia dei Mercanti* (Nr. 5) mit ihrem prächtigen Terrakottafries sowie, an der nahen *P. Pertinace,* die *Casa Diretti* (Nr. 2), ein gotischer Palazzo aus dem 14. Jh. mit Bogenfenstergalerien. Auch durch die *V. Vittorio Emanuele II* weht sichtbar der Geist der Geschichte (man beachte den Renaissancefries an der *Casa Fontana,* Nr. 11, oder den *Palazzo Conti Belli,* Nr. 18), doch eigentlich steht hier anderes im Blickpunkt: die verführerischen Schaufenster der zahlreichen Delikatessenläden! Selbst der Hof der arg überladenen Barockkirche S. *Maria Maddalena* (Nr. 21) dient der Feinschmeckerei – hier findet im Herbst der Trüffelmarkt statt.

Dom S. Lorenzo

Die bei einem Umbau vorgeblendete Backsteinfassade ist gerade mal 100 Jahre alt und böte wenig Spektakuläres, wenn nicht die drei aus der Entstehungszeit der Kirche (12. Jh.) übernommenen romanischen Portale mit ihren figurativen Kapitellen wären. Dreimal ist der Dom völlig umgebaut worden, was sein etwas zusammengeflicktes Erscheinungsbild erklärt: gotisch-lombardischer »Schnitt«, ein Marmoraltar aus der Frührenaissance, das rechte Querschiff ganz barock und ein Glockenturm mit spätromanischen Doppelfenstern. Wirklich schön sind die 35 holzgeschnitzten Chorstühle mit Szenen aus dem weltlichen und religiösen Leben, geschaffen im 16. Jh. von Bernardino Fossati. *Tgl. 8–12 und 15–19 Uhr, P. Duomo*

S. Domenico

Ein gotischer Backsteinbau von schlichter Eleganz, dessen eindrucksvoller dreischiffiger Innenraum noch Reste von Fresken aus dem 16. Jh. aufweist. Der lichtdurchflutete Raum mit seinen Rundpfeilern hat Napoleons Soldaten auf ganz besondere Weise inspiriert – sie stellten hier ihre Pferde unter. Gottesdienste finden in der Kirche auch heute nicht mehr statt, dafür profitieren Theateraufführungen und Konzerte vom einmaligen Ambiente. *Unregelmäßige Öffnungszeiten (Auskunft: Tel. 0173/44 17 42), V. Calissano*

MUSEUM

Museo Civico Federico Eusebio

Die in einem ehemaligen Kloster untergebrachten Sammlungen lohnen sich vor allem der Funde aus der Römerzeit wegen. Amphoren belegen: Auch den alten Römern, die Alba gründeten, schmeckte der hiesige Wein! *Di bis Sa 9–12 und (außer Fr) 15 bis 18 Uhr, Eintritt frei, V. Paruzza 1a*

RESTAURANTS

Osteria dell'Arco

In diesem Lokal hat die »Slow-Food«-Bewegung Gestalt ange-

Auf dem Samstagsmarkt in Alba können Sie der Wurst auf die Pelle rücken

nommen. Das heißt: beste Zutaten aus der Region, kein Schnickschnack in der Küche, dafür eine fabelhaft sortierte Weinkarte und ... Minzbavaroise mit Schokosauce zum Dessert! *Mo-Mittag und So geschl., P. Savona 5, Tel. 0173/36 39 74, Kategorie 3*

Osteria Italia

Immer voll und immer voller Stimmung. Das liegt nicht nur an der unkompliziert-ländlichen Küche, sondern auch an den abendlichen Musik-Events. *Mi geschl., Loc. S. Rocco Seno d'Elvio, Tel. 0173/44 15 47, Kategorie 3*

Ugo

Früher gab's die feinen *antipasti* nur zum Mitnehmen, inzwischen kann man sie (samt Restmenü) in Ugos neuem Laden auch vor Ort konsumieren. *Mo geschl., V. Alfieri 4, Tel. 0173/ 44 14 54, Kategorie 3*

CAFÉ

Antico Caffè Calissano

An der schönsten Theke Albas, zwischen vergoldetem Stuck, viel Messing und alten Spiegeln, nimmt man stilvoll den Aperitif. *Di geschl., P. Duomo 3*

EINKAUFEN

Samstags ist ★ *Markt* in Alba, und in der Altstadt drängelt so ungefähr alles, was in den Langhe wohnt und arbeitet, um sich mit Eisenwaren und Sardinen, Geflügel und Landmaschinen, lebenden Forellen, Seife und offenem Wein einzudecken. Nicht versäumen!

Wein kauft man in der *Enoteca Fracchia (V. Vernazza 9)* oder direkt bei *Pio Cesare,* einem der Großmeister des Barolo *(V. Balbo 6).* Das traditionsreichste Geschäft für Trüffeln (auch als »Konserve«) ist *Tartufi Ponzio* in der *V. Vittorio Emanuele II 26,* aber auch bei *Morra (P. Pertinace 3)* gibt es nur erstklassige Ware. Die phantasievollen *dolci* von Beppe Scavino – allen voran der schokoladenumhüllte *torrone* und seine gefeierte *mousse* – kauft man bei *Io, tu e i dolci (P. Savona 12, Mo–Mi geschl.).*

HOTELS

Azienda agrituristica La Meridiana
Sogar Schwimmbad und Bogenschießen gibt es in dieser grünen Oase oberhalb Albas. *5 Zi., Loc. Altavilla 9, Tel. 0173/44 01 12, Kategorie 3*

Piemonte
Einfache, aber ordentliche Pension gleich hinter dem Dom. *10 Zi., P. Rossetti 6, Tel./Fax 0173/44 13 54, Kategorie 2–3*

Savona
Renommiertes Haus mit allem Komfort und großer Trüffelvergangenheit: Patron Morra machte die Alba-Knolle vor 40 Jahren in der ganzen Welt bekannt. *99 Zi., V. Roma 1, Tel. 0173/44 04 40, Fax 36 43 12, Kategorie 2*

AUSKUNFT

APT
P. Medford, 12051 Alba, Tel. 0173/358 33, Fax 36 38 78

ZIELE IN DER UMGEBUNG

Cherasco **(115/F 2)**
Napoleon, der hier einmal übernachtete, soll Cherasco als schönsten Ort Italiens bezeichnet haben. Einheimische dagegen pflegen von Cherasco als einer »noblen alten Dame« zu sprechen, »die schon bessere Zeiten gesehen hat«. In dem vor rund 750 Jahren schachbrettartig angelegten Städtchen (6500 Ew.) haben sich zahlreiche gotische Häuserzeilen, barocke *Palazzi* und zwei *Triumphbögen* erhalten, zum *Castello dei Visconti* (14. Jh.) zieht sich eine herrliche Platanenallee hinauf, und mit *S. Pietro* besitzt die Stadt eine frühgotische Pfeilerbasilika mit Fresken aus dem 15. Jh. Cherasco ist außerdem bekannt für seinen *18-Loch-Golfclub (Loc. Fraschetta, Tel. 0172/48 97 72)* und seine schmackhaften Schnecken (Kongreß der Schneckenzüchter am dritten Wochenende im September). Diese und mehr kann man in der *Osteria dell Rosa Rossa* verzehren *(Di und Mi geschl., V. S. Pietro 31, Tel. 0172/48 81 33, Kategorie 3).*

Grinzane Cavour **(115/F 2)**
Graf Camillo Benso di Cavour war hier von 1832 bis 1849 Bürgermeister, bevor er sich mit der Einigung Italiens höheren Aufgaben widmete. Das Dorf (1600 Ew.) besteht nur aus wenigen Häusern; sein großer Ruhm im In- und Ausland rührt vom gleichnamigen ★ *Schloß* her, das sich wuchtig und kantig über die Landschaft erhebt. In dem perfekt restaurierten Gemäuer wird alljährlich ein bedeutender Literaturpreis verliehen, der »Premio Grinzane Cavour« (in der Jury sitzen ausschließlich Gymnasiasten!). Teile des Schlosses sind in ein *Museum* umgewandelt worden, das sich der Bauern- und der Weinkultur widmet. Dazu gehören auch die sehr gut sor-

tierte *Enoteca Regionale dei Vini Piemontesi (Mi–Mo 9–12 und 14–18 Uhr)* und eine *Trattoria (Di geschl., Tel. 0173/26 21 72, Kategorie 2).*

ASTI

(116/A 1) Es heißt, die Astigiani führen besonders wild Auto – ein Versuch, die in der 70 000-Ew.-Stadt allseits präsente Historie durch flottes Auftreten zu kompensieren? Tatsache ist: Asti war im Mittelalter die mächtigste und wohlhabendste Stadtrepublik des Piemont, reich genug, um sich von der drohenden Zerstörung durch Kaiser Barbarossa einfach loszukaufen. Das ★ mittelalterliche Stadtbild hat sich im Zentrum wunderbarerweise fast komplett erhalten; nur wenige Barockfassaden »stören« das Bild der Patrizierhäuser, Geschlechtertürme und gotischen Kirchen. Asti ist auch heute noch ein lebhaftes Handelszentrum für landwirtschaftliche Produkte aus der Region, allen voran der Wein. Die herbstliche Weinmesse »Douja d'Or« ist die wichtigste des Piemont – und bester Beweis dafür, daß man mit Asti nicht nur »Spumante« verbinden darf.

BESICHTIGUNGEN

Corso Alfieri

Berühmtester Sohn Astis ist (noch, sollte man sagen, denn der große Sänger und Musiker Paolo Conte macht ihm schwer Konkurrenz) der Tragödiendichter Vittorio Alfieri (1749–1803). Zu Lebzeiten fanden seine vom Tyrannenhaß geprägten Dramen wenig Anerkennung; erst im Risorgimento, der italienischen Freiheitsbewegung des 19. Jhs., wurde der Dichter postum zum Helden. Nach ihm ist die durch die Altstadt führende Hauptstraße *Corso Alfieri* benannt. Gleich in Nr. 2 (am Ostanfang) steht das achteckige *Battisterio di S. Pietro* (12. Jh.), erbaut nach dem Vorbild der Grabeskirche in Jerusalem *(Di–Sa 9–12 und 15–19, Sommer 16–19 Uhr, So 10–12 und 15–18 Uhr).* Jenseits der großen (leider wenig charmanten) P. Alfieri beginnt das *Recinto dei Nobili,* das alte Patrizierviertel (auch Blicke in die Seitengassen lohnen sich). Linker Hand an der *P. Roma* steht mit der *Torre dei Comentini* (13. Jh.) einer der mittelalterlichen Geschlechtertürme, von denen die Stadt einst 125 besaß. Heute sind es nur noch 20. Jenseits der V. S. Martino erreicht man den *Palazzo Ottolenghi,* 1754 erbaut, im Empirestil eingerichtet und üppig ausgemalt *(Besuch nach Anmeldung, Tel. 0141/39 94 88).* In Hausnr. 375 wurde Vittorio Alfieri geboren. Der *Palazzo Alfieri* (1738 geschaffen vom Dichtervater, Benedetto Alfieri, einem großen Architekten) ist heute Sitz des Centro Nazionale di Studi Alfieriani sowie des *Museo Alfieriano (wegen Renovierung z.Z. geschl.).* Krönender Abschluß eines Bummels über den Corso Alfieri ist die am Westende gelegene *Torre Rossa,* das älteste Bauwerk der Stadt – der untere Teil stammt aus der Zeit um Christi Geburt und war Teil des ehemaligen westlichen Stadttors.

Kathedrale SS. Maria Assunta e Gottardo

Stilisiertes Weinlaub umrankt die hohen Pfeiler, auf denen die dreischiffige, gotische Stufenhalle ruht. Im Volksmund wurde der im 14. Jh. errichtete Dom, eines der wichtigsten gotischen Bauwerke des Piemont, deshalb zu »La Vigna«, dem Weinberg. Im Inneren des Doms sind ein frühromanisches und ein gotisches Weihwasserbecken zu bestaunen (ersteres sitzt auf römischen Kapitellen), Gemälde von Gandolfino da Roreto (15. bis 16. Jh.) und die umstrittene Freskenausmalung im Stil des Rokoko. Die schlichte Westfassade mit je drei Stufenportalen und Fensterrosen wird übertroffen von der Südfront mit rot-weiß gewürfelten Fensterrahmungen und einem üppig dekorierten Portal im Stil der französischen Gotik. *Tgl. 7.30–12 und 15–19 Uhr, P. Cattedrale*

S. Secondo

Auf der schönen P. S. Secondo, dem ehemaligen Marktplatz Astis, steht mit der Kirche S. Secondo das älteste Gotteshaus der Stadt, im 8. Jh. erbaut, 500 Jahre später allerdings durch die jetzige gotische Stufenkirche komplett ersetzt. Die dreiportalige Fassade ähnelt verblüffend derjenigen der Kathedrale, doch im Inneren

Spumante-Stadt Asti: (stilisiertes) Weinlaub sogar in der Kathedrale

Battisterio di S. Pietro: romanischer Auftakt zu Astis Hauptader Corso Alfieri

hat S. Secondo mit barockisierten Seitenkapellen und der sehenswerten frühromanischen Hallenkrypta seinen eigenen Charakter bewahrt. *Tgl. 7–12 und 15.30–19 Uhr, P. S. Secondo*

RESTAURANTS

Da Dirce

Handfeste piemontesische Kost auf hohem Niveau zu günstigen Preisen und in bürgerlichem Ambiente. Kultlokal für viele *astigiani. Di-Mittag und Mo geschl., V. Valleversa 53, Tel. 0141/ 27 29 49, Kategorie 2–3*

Gener Neuv

Die Hochwasserschäden von 1994 sind längst repariert, und auch sonst gilt unverändert: Das Gener Neuv ist eines der besten Lokale Piemonts, wenn nicht Italiens. Die Desserts sind gar von Weltrang! *So-Abend und Mo geschl., Lungo Tanaro 4, Tel. 0141/55 72 70, Kategorie 1*

Trattoria del Mercato

Die vermutlich letzte »echte« Trattoria Astis mit solider Küche, freundlichem Service und ehrlichem Barbera. Das Fünfziger-Jahre-Dekor ist schon fast wieder schick! *So geschl., Corso Einaudi 50, Tel. 0141/592 14, Kategorie 3*

EINKAUFEN

Jeden vierten Sonntag des Monats findet auf der P. S. Secondo einer der schönsten Antiquitätenmärkte Piemonts statt. Gobelins nach Vorlagen moderner Maler fertigt *Ugo Scassa (Sa und So geschl., Antica Certosa di Valmanero)*. Im *Caffè Ponchione (Do und So geschl., Corso Alfieri 149)* kann man exzellenten Kaffee (acht Sorten) trinken und einkaufen. Die *Dolciaria Davide Barbero* rührt einen süchtig machenden *torrone* an *(Sa geschl., V. Brofferio 84)*, und in der *Enoteca La Cantina (Do-Nachmittag geschl., V. Palio 13)* stöbert man im größten Weinsortiment.

HOTELS

Rainero
Erschwingliches Dreisternehaus mit üblichem Komfort. *49 Zi., V. Cavour 85, Tel. 0141/35 38 66, Fax 59 49 85, Kategorie 2–3*

Reale
Ein Haus mit einer glorreichen Vergangenheit voll illustrer Gäste; sehr gut eingerichtete Zimmer. *27 Zi., P. Alfieri 6, Tel. 0141/53 02 40, Fax 343 57, Kategorie 1–2*

AUSKUNFT

APT
P. Alfieri 34, 14100 Asti, Tel. 0141/53 03 57, Fax 53 82 00

ZIELE IN DER UMGEBUNG

Abbazia di Vezzolano (111/F 5)
Vom Dörfchen Albugnano, 40 km nordwestlich von Asti, hat man einen schönen Rundblick vom Apennin bis zu den Westalpen – eingeschlossen die einsam gelegene ★ *Abbazia di S. Maria di Vezzolano,* die man von hier aus in wenigen Minuten erreicht. Was da so bescheiden und eher niedrig zwischen Wald und Weinbergen liegt, gilt als wichtigstes romanisches Bauwerk des Piemont. Das ehemalige Augustinerkloster wurde – so geht die Legende – 773 von Karl dem Großen gegründet; die Kirche errichtete man im 11./12. Jh. Besonders schön sind die Fassade mit ihren über drei Etagen aufsteigenden Wandsäulen (man beachte die in den Stein gehauenen, freizügigen Szenen unterhalb der Bögen), die elegant gearbeitete Lettnerwand auf Säulen, der Hauptaltar mit vier Terrakottafiguren (Spätgotik) und ein Kreuzgang mit Fresken aus dem Leben Marias. Der Glockenturm stammt aus der Renaissance. Preiswert und gut ißt und übernachtet man in der *azienda agrituristica Terra e Gente (6 Zi., Loc. S. Emiliano, Tel. 011/992 08 41, Kategorie 3).*

Costigliole d'Asti (116/A 1)
Zweierlei zieht den Reisenden in das Städtchen (6000 Ew.) 15 km südlich von Asti. Erstens lockt die alte, weitverzweigte Ritterburg *La Rocca,* für deren barocken Ausbau Stararchitekt Filippo Juvarra mitverantwortlich zeichnete. Im 19. Jh. dagegen trieb es eine hier wohnhafte Gräfin so toll mit der innenarchitektonischen Umgestaltung (Einbau von Geheimgängen etc.), daß der Ehemann in Geldnot geriet und verkaufen mußte. Heute beherbergt das Schloß wechselnde Ausstellungen sowie eine Sammlung von Karikaturen zum Thema Wein *(Schloßbesichtigung Mo–Sa 9–12 Uhr nur nach tel. Anmeldung, Tel. 0141/96 60 31).* Motiv Nummer zwei für einen Costigliole-Besuch ist *Guido,* Patron des gleichnamigen Restaurants, welches eine Institution der klassischen piemontesischen Kochkunst ist. Mehr noch: Es zählt zu den besten Italiens *(mittags und So geschl., P. Umberto I 27, Tel. 0141/96 60 12, Kategorie 1).*

Moncalvo (112/B 5)
Hübsch wächst das verwinkelte Städtchen (3400 Ew.) aus einem Bergsattel über dem Sturatal heraus; ganz oben auf der östlichen Anhöhe thronen, wie es sich gehört, Reste einer *Festung* mit runden Eckbastionen, die aus dem 14. Jh. stammt. *S. Francesco,*

die gotische Pfeilerbasilika im Backsteinkleid, wurde inwendig im Stil der Hochrenaissance umgestaltet und mit Bildern des unter Moncalvo firmierenden Guglielmo Caccia ausgeschmückt, ein Manierist, der entscheidend auch bei der Freskierung des nahen Serralunga di Crea mitwirkte. Gourmets ist Moncalvo wegen seines Trüffelmarktes Ende November ein Begriff. Bekanntschaft mit der Knolle (aber auch mit frischem Fisch) kann man im *Ristorante Ametista* schließen, Ziel eleganter Ausflügler *(Mi geschl., P. Antico Castello 15, Tel. 0141/91 74 23, Kategorie 2).*

Rocchetta Tanaro (116/B 1)
Einen guten Vorwand für einen Besuch in dem 10 km östlich von Asti gelegenen Dorf (1500 Ew.) liefert der örtliche Naturpark, wo man eine kleine Wanderung zum Quellgebiet des Flüßchens Canà unternehmen und dabei verschiedene Orchideenarten bewundern kann *(Auskunft: Casa del Parco, Tel. 0141/64 47 14).* Anschließend darf man dann guten Gewissens das eigentliche Ziel ansteuern: die *Trattoria I Bologna,* in der man in herzlicher Atmosphäre wunderbar ißt *(Mi geschl., V. Nicola Sardi 4, Tel. 0141/64 46 00, Kategorie 2).* Trinken muß man hier den Bricco dell'Uccellone, einen Barbera, den der selige Giacomo Bologna zu einem Spitzenwein gemacht hat. Die köstlichen Brotfladen, die bei den Bolognas auf den Tisch kommen, heißen übrigens *lingue di suocera,* »Schwiegermutterzungen«, und sind im ganzen Land berühmt. Man kauft sie bei ihrem Erfinder *Mario Fongo (Do-Nachmittag geschl., V. Sardi 58).*

CASALE MONFERRATO

(112/B5) Aus der Po-Ebene kommend, erreicht der Reisende mit Casale das Eingangstor zum Basso Monferrato, das sich südwestlich der Stadt in sanften Hügeln zu wellen beginnt und mit seinen vielen Burgen und Kirchen ein lohnendes Ausflugsziel darstellt. Casale selbst war lange Sitz der Markgrafen des Monferrato, und obwohl diese glorreichen Zeiten längst vorbei sind, hat sich das hübsche Barockstädtchen (40 000 Ew.) einen lebhaften, geschäftigen und ausgesprochen jungen Charakter bewahrt.

BESICHTIGUNGEN

Altstadt
Am westlichen Rand der Altstadt duckt sich die *citadella,* eine Befestigung, die Casale im 15. Jh. vor dem Zugriff der Savoyer bewahren sollte (vergeblich, wie sich 200 Jahre später herausstellte). Von hier aus ist man mit ein paar Schritten in der Altstadt mit ihren eleganten Barockpalästen und Kirchen, die fast alle im 18. Jh. entstanden, als sich savoyische Adelige um die Stadtverschönerung verdient machten. Eine Vorstellung von diesen Zeiten vermittelt die *V. Mameli,* in der die üppig stuckverzierten Palazzi aufgereiht sind wie Perlen an einer Schnur. Dazu gehören der *Palazzo Gozzani di S. Giorgio* (heute Rathaus), der *Palazzo Sannazzaro* und der sehr schön restaurierte *Palazzo Gozzani di Treville.* Viele der Paläste haben reizvolle Arkadenhöfe.

Dom S. Evasio
Von ihren Ausmaßen her könnte schon die Vorhalle dieser bedeutenden romanisch-gotischen Basilika aus dem 11./12. Jh. als Gotteshaus durchgehen: Sie zieht sich über die gesamte Breite des Domes und ist von einem gewaltigen Kreuzgewölbe überdacht. Drei Portale sorgen für die Verbindung zum eigentlichen Kircheninneren. Hier herrscht schwere Dämmerstimmung, unterbrochen allein von einem wunderschönen, silberbeschlagenen Kruzifix aus der Frühromanik. *Tgl. 8–12 und 15–18 (So 15.30–18) Uhr, Juli und Aug. 16 bis 20 Uhr, V. Duomo*

S. Domenico
Trotz des Renaissanceportals und des im 18. Jh. barockisierten Chors weiß der Kenner spätestens beim Anblick des blau ausgemalten Rippengewölbes: Spätgotik! Mit dem Bau der Kirche wurde 1472 begonnen; im Laufe der Jahrhunderte kamen zahlreiche Gemälde hinzu, darunter einige Werke von Pier Francesco Guala (18. Jh.). *P. S. Domenico*

MUSEUM

Museo Ebraico
Casale besaß einst eine große jüdische Gemeinde. Das jüdische Museum ist in der Frauenabteilung der ehemaligen Moschee (16. Jh.) eingerichtet. Zu sehen sind u.a. goldene Thorakronen und Gesetzestafeln, aber auch die Toleranzedikte der Gonzaga gegenüber der jüdischen Gemeinde von Casale. *So 10–12 und 15–17 Uhr, sonst nach Anmeldung unter Tel. 0142/718 07, 5000 Lit, Vicolo Salomone Olper 44*

RESTAURANT

La Torre
Elegantes Lokal, in dem bereits die zweite Generation der Gastgeber brilliert. Paolo serviert die einfallsreichen Variationen piemontesischer Küche, die seine Frau Patrizia kreiert – z.B. *fonduta* aus Raschera-Käse oder Ka-

Im Frühjahr kann auch Ihnen der Mohn in den Langhe blühen

Wer mit Hüten nichts am Hut hat, kann sich das Hutmuseum an den Hut stecken

ninchen-Carpaccio. *Mi geschl., V. Garoglio 3, Tel. 0142/702 95, Kategorie 2*

EINKAUFEN

Antiquitäten und Trödel findet man jeden zweiten Samstag und Sonntag im Monat auf dem *Mercato d'Antiquariato (P. Castello).* Jeden dritten Samstag ist *paniere* im Ortsteil *S. Croce,* ein Ökomarkt für natürliche Produkte. Die berühmten *krumiri* – feine Butterplätzchen, geformt wie der Schnurrbart von Vittorio Emanuele II – kauft man dort, wo Domenico Rossi sie 1878 erfunden hat: in der *Pasticceria Portinaro* in der *V. Lanza 19.*

HOTELS

Cascina Pelizza
Hübsch eingerichtete Zimmer bei exquisiter Vollpension. *6 Zi., Loc. Vialarda 10, Tel. 0142/40 81 30, Fax 40 81 77, Kategorie 2–3*

Principe
Mittlerer Komfort, aber dafür stimmt die Atmosphäre in diesem alten Palast mitten im historischen Zentrum. *26 Zi., V. Cavour 55, Tel. 0142/45 20 19, Fax 711 74, Kategorie 2*

SPORT

Kanufahren auf dem Po, Radeln auf eigenen Wegen am Po – zahlreiche Routenvorschläge hält die APT bereit (siehe Auskunft).

AM ABEND

Es gibt vier Kinos und eine sehr lebendige Theaterkultur in Casale. Ein Besuch im *Teatro Municipale* lohnt sich aber auch der schön renovierten Stuck- und Goldpracht wegen. *P. Castello 2, Tel. 0142/44 43 14 oder 755 64*

AUSKUNFT

APT del Casalese
V. Luigi Marchino 2, 15033 Casale Monferrato, Tel. 0142/702 43, Fax 78 18 11

ZIELE IN DER UMGEBUNG

Alessandria (112/C 6)
Die reiche und mächtige Stadtrepublik, die die Stadt Alessandria (90 000 Ew.) seit dem Mittelalter darstellte, wurde im 18. Jh. von den eigenen Herrschern – den Savoyern – beinahe dem Erdboden gleichgemacht. Ziel: sie als gigantische Grenzfestung wieder aufzubauen. Nur zwei gotische Kirchen überlebten den großen »Umbau«; im übrigen prägen heute breite Straßen und weite Plätze das Bild der Provinzhauptstadt. Sehenswert sind neben der *Zitadelle* (1726) mit ihrem verwirrenden Grabensystem die *P. Garibaldi* mit schönen Arkaden-

gängen und der barocke *Palazzo Ghilini.*

Zwei prominente Namen sind mit Alessandria verbunden: Da ist der Borsalino, der Hut aller Hüte, der hier seit 1857 hergestellt und im *Museo del Cappello (V. Cannoni 100, Tel. 0131/20 21 11, Besichtigung nach vorheriger Anmeldung)* auch ausgestellt wird. Anprobieren und kaufen kann man direkt im Stammgeschäft *(Corso Roma 20).* Und da ist Marengo, das berühmte Schlachtfeld, auf dem Napoleon im Jahr 1800 die Österreicher bezwang. Heute steht im nahen *Spinetta Marengo* das *Museo della Battaglia di Marengo (Sa 15.30–19 Uhr und So 9.30–12 und 15.30–19 Uhr, V. Genova 8a)* mit Pistolen und anderen Reminiszenzen an die große Schlacht.

Große Zimmer hat das *Hotel Londra (31 Zi., Corso Cavallotti 51, Tel. 0131/25 17 21, Fax 25 34 57, Kategorie 2),* gut und günstig ißt man in der *Osteria del Giardinetto (Mi geschl., V. Ignoto 112, Tel. 0131/ 22 27 18, Kategorie 3). Auskunft: APT Alessandria, V. Savona 26, Tel. 0131/25 10 21, Fax 25 36 56*

Serralunga di Crea (112/B 5)

Weil auf diesem Hügel südwestlich von Casale einst der hl. Eusebius Rettung vor seinen Verfolgern fand, entstand hier um 1600 eines der vier großen Bergheiligtümer des Piemont, der *Sacro Monte di Serralunga di Crea.* Zahlreiche Gläubige pilgern nach Crea und beschreiten dort einen Wallfahrtsweg, der an 22 mit Motiven aus dem Marienkult ausgemalten Kapellen (Hochrenaissance) vorbei auf den Gipfel führt. Dort steht Kapelle Nr. 23, ein runder, säulenumstandener Kuppelbau und Endstation für die Wallfahrer, die damit *il paradiso* erreicht haben – so heißt das Kirchlein. Man sieht es auch an der Kuppelausmalung: Maria steigt, von zahllosen Engeln besungen, in den Himmel auf. Übrigens lohnt sich die kleine Bergtour auch eines traumhaften 360-Grad-Panoramas über Po-Ebene und Monferrato wegen. Weltlichere Höhenflüge kann man in der nahen *Pasticceria Cerruti* erleben – die zwei Konditorenbrüder haben die berühmte *mousse al grignolino* erfunden und stellen außerdem köstliche Schokotrüffeln her *(Loc. Madonnina 62, Mo geschl.).*

Valenza Po (112/C 6)

Obgleich im Besitz einer hübschen Altstadt samt barockem Dom (*S. Maria Maggiore,* sehenswert eine Madonna des Lokalmatadors Moncalvo) und achteckigem *Oratorio di S. Bartolomeo,* ist das Städtchen römischen Ursprungs am Po (21 000 Ew.) vor allem des Goldes wegen berühmt. Gold, so sagt man, ist hier schon im 16. Jh. im Po gefunden worden. Das löste die Entfaltung der Goldschmiede- und Juwelierskunst aus, in der Valenza mittlerweile führend in ganz Italien ist. Heute gibt es mehr als 1300 Ateliers mit insgesamt 8500 Mitarbeitern, und Schmuck kann man zu vergleichsweise günstigen Preisen einkaufen – was dazu führt, daß vor wichtigen Feiertagen besonders reges Treiben in den Straßen herrscht. Vom erschöpfenden Goldkauf stärkt man sich mit solider Hausmannskost und Blick über den Po in der *Trattoria Ponte (Sa geschl., Strada Pavia 12, Tel. 0131/95 23 12, Kategorie 3).*

Zu Unrecht verkannt

Piemonts Hauptstadt ist ein Barockjuwel und dabei höchst lebendig

Fiat, Industrie, Juventus – und *basta!* Das ist Turin. Behaupten jedenfalls die, die noch nie da waren. Dabei ist die Hauptstadt des Piemont (991 000 Ew.) viel mehr: von den Römern angelegt und von den Savoyern zur barocken Residenzstadt von besonderem Glanz ausgebaut, eine Stadt mit 18 km Arkadengängen und gemütlichen Kaffeehäusern, die Hauptstadt sowohl des Übersinnlichen und Magischen als auch alles Süßen und Schokoladenen. Eine Stadt mit vielen Gesichtern; und eine, der man ruhig etwas Zeit widmen sollte.

BESICHTIGUNGEN

Dom S. Giovanni Battista (U/C 2)
Hinter dem Palazzo Reale versteckt, von bescheidener Höhe, schmucklosem Äußerem und nüchterner Innenausstattung, entspricht der Turiner Renaissancedom (15. Jh.) nicht dem Idealbild eines Domes. Dennoch strömen die Besucher. Denn hier wird im silbernen Schrein die *Sacra Sindone* aufbewahrt, das mutmaßliche Grabtuch Christi, eine der wertvollsten Reliquien der katholischen Kirche. Sie zeigt den Abdruck eines bärtigen Mannes und gelangte im 15. Jh. in den Besitz der Savoyer, die sie 1578 in ihre neue Hauptstadt Turin holten. Dort scheiterten zunächst mehrere Baumeister am Versuch, der Reliquie eine würdige Heimstatt zu schaffen. Erst Guarino Guarini errichtete mit der *Cappella della Sacra Sindone* (1668–1694) eine Kapelle, deren kühne Kuppelarchitektur alles bisher Dagewesene übertraf. Die ganz mit schwarzem Marmor ausgekleidete Kapelle bildet zudem eine direkte Verbindung zwischen Dom und Königlichem Palast und dokumentierte damit unübersehbar das Gottesgnadentum der savoyischen Herrschaft. Nach eben abgeschlossenen Restaurierungsarbeiten brannte die Sacra Sindone 1997 restlos aus, und ganz Turin weinte. Das Grabtuch Christi konnte jedoch gerettet werden; es bleibt bis auf weiteres im Dom ausgestellt. Das heißt: Zu besichtigen sind der Schrein und Fotografien der Reliquie in natürlicher Größe. Das heilige Tuch selbst – Wissenschaftlern zufolge ist es frühestens im Mittelalter entstanden – wird nur alle acht Jahre (das näch-

»Bleistiftspitze«, »vollgefressene Giraffe«: Die Turiner pflegen keine allzu innige Liebe zu ihrem Wahrzeichen, der Mole Antonelliana

ste Mal im Frühjahr 1998) feierlich entfaltet. *Mo–Sa 7.30–12 und 15–19 Uhr, P. S. Giovanni*

Lingotto **(O)**
Eine Industrieruine hat den Sprung in die Neuzeit geschafft. Der *Lingotto* (Barren), das von Fiat-Gründer Giovanni Agnelli 1917 in Auftrag gegebene riesige Autoproduktionswerk, einen halben Kilometer lang und fünf Stockwerke hoch, galt stets als Inbegriff der Fabrik, als Ikone des Industriezeitalters. Trotzdem zog Fiat Ende der siebziger Jahre aus und ließ den Koloß samt weltberühmter Autoteststrecke auf dem Dach einsam zurück. Doch lange stand der Lingotto nicht leer. Unter der Ägide des Genueser Stararchitekten Renzo Piano wurde der Komplex zu einem gigantischen Kultur- und Handelszentrum umgebaut. Hier finden heute die großen Auto- und Buchmessen statt, werden Kongresse veranstaltet und – im neuen *auditorio* – Konzerte von Rang gegeben; hier trifft sich Turin zu Kunstausstellungen oder auch nur zum Shoppen im Arkadenhof. *V. Nizza 262*

Mole Antonelliana **(U/D 2–3)**
Eine Warnung vorab: Je weiter man sich mit touristischen Absichten der Mole nähert, um so größer wird die Gefahr einer Nackenverspannung. Schuld ist die enge Straßenbebauung, die einen Blick auf das mit 167 m höchste Gebäude Turins nur mit stark zurückgelegtem Kopf ermöglicht. Besser, man genießt den Anblick aus sicherer Entfernung, etwa aus den *Giardini Reali.* Was man dann sieht, ist das Wahrzeichen Turins, ein Wahrzeichen, von dem viele Turiner behaupten, es sei in erster Linie häßlich. Erbaut wurde es in 30 Jahren (Baubeginn 1863) nach wechselnden Plänen des Architekten Alessandro Antonelli. Ursprünglich war die Mole als Synagoge und

MARCO POLO TIPS FÜR TURIN

1 **Palazzo Carignano**
Die schönste Fassade des piemontesischen Backsteinbarocks (Seite 79)

2 **Museo Egizio**
Die größte und wichtigste Ägypten-Sammlung jenseits von Kairo (Seite 82)

3 **Markt an der Porta Palazzo**
Süditalienisches Flair auf einem der größten Marktplätze Europas (Seite 85)

4 **Mulassano**
Ein Café mit wenig Platz, aber üppiger Dekoration und noch mehr Geschichte (Seite 83)

5 **Parco del Valentino**
Ruhig und träge fließt der Po durch diese grüne Oase mitten in der Stadt (Seite 80)

6 **Ausflug zur Superga**
Bei klarem Wetter nicht nur barocker Kunstgenuß, sondern auch ein Prachtpanorama (Seite 89)

So weit die Füße tragen: 18 km Arkadengänge schafft wohl kaum einer

jüdisches Gemeindezentrum gedacht, erfüllte diese Funktion jedoch nie. Irgendwann übernahm die Stadt den Turm und begann, den großen Kuppelsaal für Ausstellungen zu nutzen. Momentan wird dort das *Museo Nazionale del Cinema* eingerichtet – deshalb ist die Mole samt Aussichtsplattform vorübergehend geschlossen. *V. Montebello 20*

Palazzo Carignano **(U/C-D 2-3)**
★ Der von Guarino Guarini ab 1679 erbaute Palast mit seiner wellenförmig geschwungenen Backsteinfassade ist einer der prachtvollsten (und originellsten) Barockbauten Italiens. Hier wurde Vittorio Emanuele II geboren, der erste König Italiens, und im Festsaal trat am 18. Februar 1861 erstmals das Parlament des Vereinigten Italiens zusammen. Turin war jedoch nur vier Jahre Hauptstadt, und nach dem für Piemont deprimierenden Abzug der Abgeordneten nach Florenz (und später weiter nach Rom) blieb nur der schwache Trost, daß der Saal ohnehin zu klein gewesen war. Heute beherbergt der Palast das *Museo del Risorgimento. P. Carignano*

Palazzo Madama **(U/C-D 2)**
Mitten auf der verkehrsumtosten P. Castello, dem absoluten Herzen der Stadt, steht ein irritierendes Bauwerk. Von drei Seiten wirkt es eindeutig wie eine wehrhafte Burg des Mittelalters, doch wer von Westen her kommt, sieht eine barock-klassizistische Prachtfassade vor sich. Was die Verwirrung noch erhöhte – wenn man es wüßte –, ist, daß die ganze Angelegenheit auf einem alten römischen Tor basiert. Des Rätsels Lösung: Das römische Tor wurde im Mittelalter zu einem Kastell umgebaut, in dem im 17. Jh. die Regentin Madama Maria Cristina residierte. Im 18. Jh. sollte Filippo Juvarra die Burg zu einer ordentlichen Barockresi-

denz umbauen, schaffte aus Geldmangel aber nur die Fassade und das dahinterliegende Treppenhaus. *Z. Z. wegen Restaurierung geschl., P. Castello*

Palazzo Reale **(U/D 2)**
Die Residenz der Savoyer wurde 1645 von der Regentin Cristina in Auftrag gegeben und an der Stelle des alten Bischofspalastes errichtet. Verschiedene Hofarchitekten trugen in 200 Jahren zu ihrer Gestaltung bei; formgebend ist vor allem Amadeo di Castellamonte gewesen. Sehenswert sind das von Filippo Juvarra geschaffene »Scheren«-Treppenhaus *(scalone delle forbici)* und die königlichen Prunkräume, bei deren Ausstattung man sehr viel mehr in Luxus und üppigen Dekorationen schwelgte als bei der Gestaltung der überaus bescheidenen Schloßfassade. *Di–So 9 bis 19 Uhr, 8000 Lit, P. Reale*

Parco del Valentino **(U/C-D 5-6)**
★ Welche Lust, der stickigen Stadtluft zu entrinnen und sich in einem der schönsten Stadtparks Italiens zu verlustieren! Der Parco del Valentino zieht sich zwischen Corso Vittorio Emanuele II und Corso Dante am Po-Ufer entlang und fällt sanft zum Fluß hin ab. Wiesen wechseln sich mit Blumenrabatten, Alleen mit kleinen Wäldchen ab; ein *botanischer Garten* gehört ebenso dazu wie der große Springbrunnen *Fontana delle Stagioni,* das *Borgo Medioevale* (der Nachbau eines typischen piemontesischen Burgdorfes aus dem Mittelalter, *Di–So 9–19 Uhr, 5000 Lit*) und das *Castello del Valentino,* eine Art französisches Lustschloß, erbaut von Vater und Sohn Castellamonte im 17. Jh. Hier sitzt heute die renommierte Architekturfakultät des Turiner Polytechnikums. Im Park amüsieren sich Inline-Skater, Großmütter mit Kinderwägen und allerlei Hunde; man kann das Training der Ruderer auf dem Po verfolgen oder am Freitagabend eines der Tanzlokale für die reifere Generation aufsuchen. Und in lauen Sommernächten gibt es nichts Schöneres, als über die Parkwege zu flanieren und sich in der altmodischen *Latteria Svizzera (März–Okt. tgl. 11–1 Uhr, Viale Cagni)* zu einem Pepino-Eis niederzulassen.

Perfekte Symmetrie: Turins schönster Platz, die barocke Piazza S. Carlo

Piazza S. Carlo **(U/C 3)**
Caval d' Brons, Bronzepferd, nennen die offenbar tierlieben Turiner die Statue des berittenen *Emanuele Filiberto I,* die sich in der Mitte des schönsten Platzes von Turin erhebt. Seine Schönheit beruht auf der harmonischen Symmetrie der von Castellamonte gestalteten Barockfassaden, unter denen sich breite Arkadengänge durchziehen. Der Symmetrie folgen auch die beiden Zwillingskirchen an der Südseite des Platzes, *S. Cristina* und *S. Carlo,* die allein aus städtebaulichen Gründen errichtet worden zu sein scheinen. Die Barockfassade von S. Cristina (links) stammt von Juvarra (1715), während die von S. Carlo erst im 19. Jh. vollendet wurde.

S. Lorenzo **(U/C 2)**
Dieser Guarini-Bau (1634–1680) mit seiner steilen, achteckigen Kuppel versteckt sich zwischen den Hausfassaden im Westen der P. Castello – doch es lohnt sich hineinzuschauen. Der sehr bewegte, geschwungene Zentralbau verwirrt das Auge; erst nach längerem Studium erhellt sich die letztlich mathematisch-klare Struktur der Kirche. Ein Blick in die lichte Kuppel steigert noch das Schwindelgefühl, und es wird verständlich, wieso Guarini zu Lebzeiten den Ruf eines genialen, aber ziemlich ausgeflippten Architekten besaß.

MUSEEN

Armeria Reale **(U/D 2)**
Die von Carlo Alberto 1837 eröffnete Waffensammlung gilt als eine der umfassendsten Europas. Ausgestellt sind Waffen vieler verschiedener Kulturen der vergangenen sieben Jahrhunderte. Besonders trickreich: die lederverkleideten Holzpferde! *Di und Do 14.30–19 Uhr, Mi und Fr–So 9–13.30 Uhr, 8000 Lit, P. Reale (im Palazzo Reale)*

Galleria Civica d'Arte Moderna **(U/A–B 3)**
Die Stadt Turin war – neben Florenz – vor 150 Jahren die erste in Italien, die moderne Kunst sammelte. Ergebnis: Der moderne Museumsbau beherbergt inzwischen 5000 Gemälde und 4000 Skulpturen vom 18. Jh. bis heute. Neben viel piemontesischer Malerei des 18./19. Jhs. (Mazzola, Reviglio, d'Azeglio, Vela, Pellizza) ist eine interessante Sammlung des 20. Jhs. zu sehen: von den metaphysischen Turin-Bildern De Chiricos über Modigliani, Dix, Klee und Ernst bis hin zu Warhol. *Di–So 9–19 Uhr, Ostern und 1. Mai geschl., 10 000 Lit, V. Magenta 31*

Galleria Sabauda **(U/C 2)**
Das Kernstück dieser Pinakothek ist die Bildersammlung des Hauses Savoyen, das diese im Jahr 1832 erstmals der Öffentlichkeit zugänglich machte. Später kamen andere Werke hinzu. Zu den Glanzpunkten zählt die Sammlung flämischer Malerei mit Werken von Rembrandt, Van Eyck und Memling. Sehenswert sind auch die italienischen Meister wie Tintoretto, Mantegna und Veronese. *Di, Mi, Fr und Sa 9 bis 14 Uhr, Do 10–19 Uhr, 8000 Lit, V. Accademia delle Scienze 6*

Museo dell'Automobile **(O)**
Natürlich gibt es in der Fiat-Stadt auch ein Automuseum. Auf 10 000 qm dokumentieren über

Im Automobilmuseum gibt es 100 Jahre bewegte Geschichte zu bestaunen

400 Fahrzeuge die Geschichte der motorisierten Fortbewegung. Zu den Stars der Ausstellung zählt das erste in Italien gebaute Automobil, der dampfbetriebene Bernardi von 1896. Zur Sammlung gehört auch eine große Bibliothek. *Di–So 10–18.30 Uhr, 10 000 Lit, Corso Unità d'Italia 40*

Museo Egizio **(U/C 2)**

★ Mit seinen 30 000 Ausstellungsstücken aus der Kunst- und Gebrauchswelt des alten Ägypten gilt es als zweitwichtigstes ägyptisches Museum der Welt. Im Erdgeschoß stehen Plastiken verschiedener Herrscher und Götter sowie Sarkophage; im ersten Stock geben u.a. Tücher, Spinngeräte und medizinisches Zubehör einen interessanten Einblick in den ägyptischen Alltag vor über 3000 Jahren. *Di–Sa 9–19 Uhr, So 9–14 Uhr, 12 000 Lit, V. Accademia delle Scienze 6*

Museo Nazionale del Risorgimento Italiano (U/C–D 2–3)

Die Geschichte der Einigungsbewegung Italiens, dargestellt mittels Manuskripten und Kunstwerken, nachgebildeten »historischen« Räumen und vielem mehr. Eine eigene Abteilung befaßt sich mit der antifaschistischen *resistenza. Di–Sa 9 bis 18.30 Uhr, So 9–12.30 Uhr, 8000 Lit, V. Accademia delle Scienze 5, im Palazzo Carignano*

RESTAURANTS

Balbo **(U/C 3)**

Zehn Tische nur, rotsamtene Stühle – und die beste Küche Turins. Piemontesisch, natürlich. *Mo geschl., V. Andrea Doria 11, Tel. 011/812 55 66, Kategorie 1*

La Bocca **(O)**

Originell eingerichteter Treff junger Turiner, die gut, aber in lockerer Atmosphäre essen wollen. *Sa-Mittag und So geschl., V. Varazze 9, Tel. 011/696 44 38, Kategorie 2–3*

Del Cambio **(U/C 2)**
In den heiligen Hallen der Turiner Gastronomie speiste schon Cavour. Heute lädt Gianni Agnelli hier wichtige Turin-Besucher zu piemontesischen Klassikern wie *risotto al barolo* oder zu *filetto al caramello di barbaresco* ein. *So geschl., P. Carignano 2, Tel. 011/ 54 66 90, Kategorie 1*

Imbarco Perosino **(U/D 5)**
Bei gutem Wetter sitzt man draußen direkt am Ufer des Po, und der umsichtige Kellner bringt außer leichten (Fisch-) Gerichten unaufgefordert ein Fläschchen Mückenspray an den Tisch. *Mo geschl., Viale Virgilio 53 (im Parco del Valentino), Tel. 011/ 65 73 62, Kategorie 2*

Mar Rosso **(U/C 4)**
Äthiopische Spezialitäten und *couscous* in zwei buntbemalten Räumen mitten im Multi-Kulti-Viertel S. Salvario. *Mo geschl., V. Silvio Pellico 86, Tel. 011/ 65 82 36, Kategorie 3*

Da Mauro **(U/D 3)**
Bürgerliche Eleganz, solide Küche. Das hat auch die Juventus-Spieler zu Stammgästen gemacht. *Mo geschl., V. Maria Vittoria 21, Tel. 011/817 05 06, Kategorie 2–3*

La Prima Smarrita **(O)**
Traditionsreicher Tempel des Wohlgeschmacks. Chef Pierluigi Consonni hält es erfolgreich mit der neuen leichten Küche. *Mo geschl., Corso Unione Sovietica 244, Tel. 011/317 96 57, Kategorie 1–2*

Spaccanapoli **(U/C 4)**
Edelpizzeria mit wunderbaren *pizze*, die auch *a metro* serviert werden und dem Gast so mehrere Variationen erlauben. Reservieren! *Di geschl., V. Mazzini 19, Tel. 011/812 66 94, Kategorie 3*

Unione familiare di Reaglie **(O)**
Der Geheimtip in der *collina:* Eine *bocciofila* (Bocciaclub), in der einfach, deftig und gut gekocht wird. Herzliche Atmosphäre, günstige Preise. *Mo geschl., Corso Chieri 124, Tel. 011/898 08 56, Kategorie 3*

Urbani **(U/C 4)**
Die Küche arbeitet ordentlich, aber noch besser ist die Stimmung im Saale: laut, leicht hektisch, lustig und italienischer als irgendwo sonst in Turin. *Sa-Mittag und Fr geschl., V. Saluzzo 4, Tel. 011/669 95 17, Kategorie 2*

CAFÉS UND EISDIELEN

Baratti & Milano **(U/C–D 2)**
In den hocheleganten Salons treffen sich seit 1875 die besseren Damen der Stadt zu Tee und feinen *pasticcini. So geschl., P. Castello 29*

Fiorio **(U/D 2)**
1780 eröffnet, ist es heute sowohl für seinen ehemaligen Stammgast Cavour bekannt als auch für sein *gianduja*-Eis (eine Art Nougat): Es gilt als das beste Turins! *Mo geschl., V. Po 8*

Mulassano **(U/C–D 2)**
★ Winzig klein und entsprechend verspiegelt, gleicht es einem kunstvoll geschliffenen Edelstein. Köstliche *tramezzini! So geschl., P. Castello 9*

Pepino **(U/C 2)**
Hier erfand ein neapolitanischer Zugereister vor 100 Jahren das Eis am Stiel. »Pinguino« nannte er es – es lohnt auch heute noch einen Versuch. *So geschl., P. Carignano 8*

Zucca **(U/C 3)**
Die Adresse für den Aperitif in Turin. Und bessere *salatini,* kleine, salzige Häppchen, werden sowieso nirgends dazu gereicht. *So geschl., V. Roma 294*

EINKAUFEN

Antiquitäten
Die besten Schnäppchen sind sicher beim *Grand Balôn* zu machen, dem Antiquitätenmarkt, der sich jeden zweiten Sonntag im Monat in den Gassen hinter der Porta Palazzo an der P. della Repubblica **(U/C 1)** abspielt. Im übrigen ist Turin reich an Antiquitätengeschäften; besonders zahlreich sind sie in der *V. Maria Vittoria* **(U/C–D 3)** zu finden, wo z.B. *Casartelli (Nr. 25 a)* wunderschönes altes Silber verkauft. Jugendstil und Art déco führt *Tina Biazzi (Nr. 19),* amerikanischen Modeschmuck der dreißiger Jahre *Amarilli (Nr. 8b).* Empiremöbel gibt es bei *Secol-Art (Nr. 25),* Möbel im Kolonialstil bei *La Rosa dei Venti (***U/C 4***, Corso Vittorio Emanuele II 39).*

Bücher
Turin ist die Stadt der Intellektuellen und der Leseratten, und neben den klassischen Buchhandlungen gibt es – vor allem in der *V. Po* **(U/D 2–3)** – zahlreiche Buchstände, an denen man Secondhandliteratur und modernes Antiquariat zu günstigen Preisen erstehen kann. Eine alteingesessene Buchhandlung mit einer sehr großen Auswahl an internationaler Kunst- und Designliteratur ist *Druetto* **(U/C 3**, *V. Roma 227).* Antiquarisches (darunter viele alte Atlanten und Geographiebücher) führt *Cartiglio (V. Po 32).*

Feinkost
Eine Institution ist *Paissa (***U/C 3***, P. S. Carlo 197),* das neben seiner großen Auswahl an Delikatessen aus aller Welt auch für seine selbstgemachten Pastasaucen und eingelegten Gemüse bekannt ist. Frische Pilze und Trüffeln kauft man am besten bei den Brüdern *Scanavino* **(U/C 4**, *V. Nizza 11)* und den piemontesischen Wein dazu in der *Casa del Barolo* **(U/C 3**, *V. Andrea Doria 7),* einer der am besten sortierten Weinhandlungen Italiens, oder in der *Antica Enoteca del Borgo* rechts des Pos, die sich abends in einen lebhaften ✱ Stehausschank für flotte junge Leute verwandelt **(U/E 4**, *V. Monferrato 4).*

Heilkräuter
Allerlei Kräutermischungen für Tees und Umschläge, Naturmedizinen nach alten Rezepten und vieles mehr wird zubereitet in der *Antica Erboristeria della Consolata* **(U/C 1**, *P. della Consolata 5).*

Märkte
Ob Wäscheklammern oder frischen Käse, ob kistenweise Pfirsiche oder neue Babykleidung – die Italiener kaufen am liebsten auf dem Markt ein. 44 solcher Allroundmärkte finden täglich in Turin statt, doch der klassische Tag für einen ausgedehnten Marktbesuch ist der Samstag. Der Markt im Stadtviertel *Cro-*

In der Galleria Subalpina finden Sie das elegante Café Baratti & Milano

cetta (**U/A 4–5**) gilt als »edel«; Obst und Gemüse kosten hier immer ein bißchen mehr als anderswo, doch dafür findet man oft Restposten großer Modelabels zu geradezu lächerlichen Preisen. Ein Erlebnis ist der ★ Markt der *Porta Palazzo* (**U/C 1**, *P. della Repubblica)* am Samstag – eindrucksvolles Menschengewimmel, Lärm und Geschrei, heisere Händler, Gemüsekisten schleppende Marokkaner und ein schier uferloses Angebot an Waren aller Art. Schön ist der *Bauernmarkt* auf der Nordostseite des Platzes. Samstags geht der große Markt fast nahtlos über in einen überaus farbigen und lebhaften Flohmarkt, den *Balôn.* In den engen Gassen um die *V. Mameli* und *V. Borgo Dora* werden neue Juve-T-Shirts, altes Geschirr, arabische Spezereien und die eine oder andere Antiquität angeboten – die Preise sind Verhandlungssache.

Mode

Provasoli, ein renommiertes Turiner Textilgeschäft, verarbeitet seine schönsten Stoffe inzwischen selbst zu sehr femininer Damenmode (**U/C 3**, *V. Carlo Alberto 49).* Bezaubernde Tücher und Schals! In der Megaboutique von *Vertice* (**U/C 3**, *V. Lagrange 35)* gibt's den knalligen Schick von Versace, Dolce & Gabbana und Anna Sui. *Armani* (**U/C 3**, *P. S. Carlo 145,* und **U/C 3**, *V. Buozzi 5)* und *Versace* (**U/C 2**, *Galleria S. Federico 60)* haben eigene Dependancen in Turin, nicht dagegen Gucci, dessen coolen Look samt Schuhen man gleichwohl bei *S. Carlo del 1973* (**U/C 3**, *P. S. Carlo 169)* erwerben kann. An nebligen Herbsttagen empfiehlt sich ein Abstecher zu *Giorgio Monteverdi* und seinen kuscheligen Kaschmirkreationen (**U/C 2**, *Galleria S. Federico 10/12).* Ständige Kollektionsausverkäufe namhafter italienischer Designer finden bei *Il Grifone* (**U/B 5**, *Corso Turati 15 g)* und *Salvagente* (**U/B 3**, *P. Solferino 14a)* statt.

Schmuck

Allein die Tatsache, daß es sich um eines der ältesten Juweliergeschäfte der Welt handelt (Gründungsjahr 1707!), wäre Grund für einen Besuch bei *Musy Padre e Figli* (**U/D 2**, *V. Po 1)*. Sie führen aber auch sehr schönen Silberschmuck.

Schuhe

Bei *Bruschi* finden Schuhfans von Prada-Pumps bis zu den noppenbesetzten J. P. Tods alles, was sie sich vom italienischen Schusterhandwerk erwarten (**U/C 3**, *P. S. Carlo 208)*. *Il Pallino* (**U/C 3**, *V. Gobetti 7d)* führt Designerschuhe von Miu-Miu, Moschino oder Valentino zu sehr günstigen Preisen (Kollektionsausverkauf). Die beliebten Turnschuhe von *Superga* sind im Direktverkauf (**O**, *V. Verolengo 28)* mit lohnendem Preisnachlaß zu haben.

Süßes

Gianduiotti, die in Goldpapier gehüllten Turiner Nougatstückchen, oder köstliche kleine Fruchtbonbons kauft man bei *Stratta* (**U/C 3**, *P. San Carlo 191)*. *Peyrano-Pfatisch* ist in ganz Italien berühmt für alles, was mit Schokolade zu tun hat; ein schönes Mitbringsel sind die mit Likör gefüllten Pralinen *alpini* (**U/B 3**, *Corso Vittorio Emanuele II 76)*.

ÜBERNACHTUNG

Liberty (U/C 2)

Künstler und andere Feingeister schätzen die originale Jugendstilatmosphäre dieses familiär geführten, kleinen Hotels. *23 Zi., V. Pietro Micca 15, Tel. 011/562 88 01, Fax 562 81 63, Kategorie 2*

Ostello per la Gioventù (U/E 5)

Turins Jugendherberge liegt östlich des Pos im feinen Ortsteil Crimea. *80 Betten, V. Alby 1, Tel. 011/660 29 39, Kategorie 3*

Roma & Rocca Cavour (U/C 3)

Preisbewußte Turin-Fans mieten sich in den einfachen Zimmern ohne Bad, aber mit Blick auf die Piazza ein und sparen einen Haufen Geld. *93 Zi., P. Carlo Felice 60, Tel. 011/561 27 72, Fax 562 81 37, Kategorie 1–2 (ohne Bad 3)*

Grand Hotel Sitea (U/C 3)

Sehr elegant. Es fehlen weder der üppig blühende Innengarten noch die Whirlpools in einigen Zimmern. *119 Zi., V. Carlo Alberto 35, Tel. 011/517 01 71, Fax 54 80 90, Kategorie 1*

Turin Palace (U/B 4)

Madonna und diverse Staatsoberhäupter haben hier, gleich neben dem Bahnhof, in stilvollem Luxus übernachtet. Sehr gutes Restaurant. *125 Zi., V. Sacchi 8, Tel. 011/562 55 11, Fax 561 21 87, Kategorie 1*

Victoria (U/C 3)

Sehr ruhig gelegen, phantasievoll und mit allem Komfort eingerichtet. Die charmanteste Adresse Turins! *85 Zi., V. Nino Costa 4, Tel. 011/561 19 09, Fax 561 18 06, Kategorie 1*

Villa Sassi (O)

Eine Villa aus dem 18. Jh., von einem herrlichen Park umgeben, ausgestattet mit allem Komfort und einem erstklassigen, illusionistisch ausgemalten Restaurant.

Der wahre Teufel war Cavour

Turin gilt als Hauptstadt des Satanismus und allen Okkultismus, was gerne mit magischen Dreiecken begründet wird, die sich hier schneiden sollen. Doch Kenner der Geschichte winken ab. Schuld sei allein Cavour. Denn der machte während des Risorgimento im letzten Jh., um der sich widersetzenden katholischen Kirche in Rom eins auszuwischen, Turin zur »offenen Stadt« für Okkultisten aus ganz Europa, die hier nicht verfolgt wurden. Was dazu führte, daß die Gegner der italienischen Einheit Turin als Hauptstadt des Satanismus attackierten. Doch in Wirklichkeit war Cavour der Teufel, auf den sie es abgesehen hatten. Seit Anfang des Jhs., behaupten Soziologen, sind nun Mailand und Neapel die wahren Zentren der Magie.

Leider teuer! *17 Zi., V. Traforo del Pino 47, Tel. 011/898 05 56, Fax 898 00 95, Kategorie 1*

SPIEL UND SPORT

Fußball
Einmal *tifoso* von Juve sein? Auskunft und Karten gibt es bei *Juventus, P. Crimea 7, Tel. 011/656 31.*

Schiffahrt auf dem Po
Beim gemütlichen Schippern über den Po und mitten durchs Grüne wähnt man sich weit weg von jeder Großstadthektik. *Rundfahrten im Sommer tgl., Okt.–Mai nur So, Navigazione sul Po, Imbarco Murazzi* **(U/D 4)**, *Tel. 011/880 10*

AM ABEND

In den Sommermonaten finden auf Plätzen und in den Parks jede Menge Musik- und Kulturveranstaltungen statt. Ein Blick in »Torino Sette« (Freitagsbeilage von »La Stampa«, Turins größter Tageszeitung) hilft weiter.

Auditorio del Lingotto **(O)**
Der holzverkleidete Konzertsaal bietet eine erstklassige Akustik für die Gastspiele der großen Orchester und Solisten unserer Tage. *V. Nizza 294, Tel. 011/ 664 41 11*

Café Procope **(U/B 2)**
Wenn keine Live-Musik, Performances oder andere Spektakel stattfinden, wird einfach Bier getrunken und getanzt. Freitags Tango. *Mo geschl., 21.30–2 Uhr, V. Juvarra 15*

Hennessy **(O)**
Riesendisko mit VIP-Séparée und Terrasse in der *collina.* Musik: Mainstream, Dancefloor. *So–Di geschl., 22.30–3 Uhr, Strada Traforo del Pino 23*

Murazzi **(U/D 4–E 3–4)**
In den weiland der Verteidigung dienenden Kaimauern am Westufer des Po befinden sich zahlreiche Verliese. Früher verstaute man die Ruderboote darin, heute wird getanzt. Denn in den vormals feuchten Kammern residieren die besten Clubs Turins: keine drögen Diskotheken, sondern Szeneinstitutionen wie das *Alcatraz* mit HipHop-Musik und Multimediaabteilung *(So und Mo*

geschl., ab 22 Uhr, Murazzi Diaz 35) oder die Reggae- und Funk-Oase *Doctor Sax (Mo geschl., ab 23 Uhr, Murazzi Cadorna 4).* Im Winter ist wenig Betrieb, aber in warmen Sommernächten flanieren Hunderte junger, amüsierwilliger Turiner vor den Lokalen auf und ab, trinken Bier aus der Flasche, tanzen oder lassen einfach die Beine in den Fluß baumeln.

Teatro Regio **(D 2)**
Anspruchsvolle Opern- und Ballettinszenierungen. *P. Castello 215, Kartenverkauf Tel. 011/881 52 41*

Teatro Stabile **(C 2)**
Klassisches Sprechtheater auf der Bühne, die einst die Uraufführungen von Alfieris Freiheitsdramen brachte. *P. Carignano 6, Kartenverkauf Tel. 011/517 62 46*

AUSKUNFT

APT **(C 3)**
V. Roma 226, 10121 Torino, Tel. 011/53 59 01, Fax 53 00 70

ZIELE IN DER UMGEBUNG

Moncalieri **(111/E 5–6)**
Die am Fuße des Hügels gelegene Neustadt entbehrt jeglichen Reizes, aber wer sich von der *P. Caduti della Libertà* aus zu einer kleinen Bergtour durch das historische Zentrum Moncalieris (50 000 Ew.) aufmacht, wird mit einem sehr pittoresken, idyllischen Stadtbild belohnt, das sich aufs stimmungsvollste belebt, wenn hier an jedem ersten Sonntag des Monats einer der schönsten *Antiquitätenmärkte* der Region stattfindet. Neben der gotischen Kirche *S. Maria della Scala* sehenswert: das *Castello Reale,* der geographische »Höhepunkt« Moncalieris, ein weithin sichtbares, quadratisches Savoyerschloß. Die mittelalterliche Burg wurde von den beiden Baumeistern Castellamonte im 17. Jh. zu einer barocken Festung ausgebaut und später Residenz für Vittorio Emanuele II, bevor er König von Italien wurde. Heute ist sie Sitz einer Kaserne für Carabinieri; die fürstlichen Wohnräume können jedoch besichtigt werden *(Di und Sa 14.30–18 Uhr, Do 9–13 Uhr, So 9–13 und 14.30–18 Uhr, 4000 Lit, P. Baden-Baden).*

Rivoli **(111/D 5)**
Zu dem Ring von Schlössern, den die ehrgeizigen Savoyerfürsten ab dem 17. Jh. rund um Turin anlegen ließen, gehört ein Projekt, das unter Bauleiter Juvarra im Jahr 1700 zwar sehr vielversprechend anfing, dann aber nur zu etwa einem Drittel realisiert wurde: das *Castello di Rivoli.* Versailles hätte es in den Schatten stellen sollen, doch Geldmangel machte den hochfliegenden Plänen ein Ende, und das Gemäuer verkam zur riesigen Ruine. 1979 begannen die Restaurierungsarbeiten am Schloß, das heute das angesehene *Museo d'Arte Contemporanea* mit wechselnden Ausstellungen moderner Kunst beherbergt *(Di–Fr 10–17 Uhr, Sa und So 10–19 Uhr, 10 000 Lit, P. del Castello).*

Stupinigi **(111/E 5–6)**
Der röhrende Hirsch auf dem Schloßdach räumt alle Zweifel aus – Schloß Stupinigi, das spätbarocke Prachtschloß (1730/31) des Juvarra, diente Vittorio Amadeo II und seinen Nachkommen als fürstlicher Jagdsitz. Es ist nicht

In Stupinigi röhrt der Hirsch nicht an der Wand – sondern auf dem Dach

zu verfehlen: Man biegt am Turiner Bahnhof Porta Nuova in die V. Sacchi ein und fährt 10 km lang stur geradeaus. Am Schluß führt eine schnurgerade Allee auf das wunderschöne, streng symmetrisch aufgebaute und doch weich fließende Ensemble zu. Die Einrichtung des ovalen Zentralbaus und der Seitenflügel sind originales Rokoko und von derartiger Schönheit, daß das Schloß inzwischen als Möbelmuseum dient. Man beachte u.a. die weiße Marmorbadewanne der Napoleon-Schwester Pauline, die hier mit dem französischen Gouverneur von Turin residierte. *Di–So 9 bis 11.50 und 14–16.20 Uhr, 10 000 Lit*

Superga (111/E5)

★ Vor rund 400 Jahren, im Spanischen Erbfolgekrieg, stürmte von hier oben Prinz Eugen von Savoyen mit seinen Truppen los, den französischen Belagerungsring zu durchbrechen, der der Hauptstadt Turin den Atem abzuschnüren drohte. Mit Erfolg: Die Franzosen ließen ab von Turin und zogen sich völlig aus Piemont zurück. Aus Dankbarkeit ließ Herzog Vittorio Amadeo II auf dem 670 m hohen Hügel über Turin ab 1717 von Juvarra die *Basilica di Superga* errichten. Der tempelartige Barockbau krönt die *collina* sichtbar auch aus der Ferne. An klaren Tagen ist ein Besuch der Superga das Schönste, was man sich gönnen kann: Den Blick über die Stadt hinweg auf den Gürtel schneebedeckter Viertausender wird man so schnell nicht vergessen. In der Krypta können die Fürstengräber der Savoyer besichtigt werden. Hinter dem an die Kirche anschließenden Kloster erinnert ein Gedenkstein an den Flugzeugabsturz von 1949, bei dem die komplette Mannschaft des AC Torino ums Leben kam. *Tgl. 8–12 und 15–17 Uhr, Krypta Fr geschl., Anfahrt per Auto oder mit der Zahnradbahn ab Vorort Sassi (stündlich)*

Zu Burgen und ins Reich des Barolo

Die hier beschriebenen Routen sind auf der Übersichtskarte vorn und im Reiseatlas ab Seite 108 grün markiert

① LEBENDIGES MITTELALTER: SCHLÖSSER UND KASTELLE IM CANAVESE

Das Canavese ist die sanfte Hügellandschaft um Ivrea, landschaftlich reizvoll zwischen Po-Ebene und der ersten, 2000 m hohen Kette der Westalpen gelegen. Es ist ein fruchtbares Land mit stimmungsvollen alten Dörfern und lebhaften Kleinstädten. Vor allem aber gibt es hier eine Reihe teils halbvergessener, teils aufwendig restaurierter Burgen und Schlösser, die oft schon in Turin keiner mehr kennt. Schade, denn sie lohnen den Besuch! Die hier beschriebene Autotour führt durch das touristisch noch im Dornröschenschlaf dämmernde Canavese und zu acht dieser Anlagen – vom savoyardischen Barockschloß bin hin zur neogotisch restaurierten Märchenburg ist jede Menge Sehenswertes dabei. Die Tour geht über 90 km und nimmt, wenn man sich ein Schloß von innen und die anderen von außen in aller Ruhe ansehen will, einen Tag in Anspruch. Die Schlösser sind normalerweise von Mai bis Sept. Sa und So geöffnet, der Eintritt kostet zwischen 3000 und 10 000 Lit. Genauere Auskünfte erteilt die APT del Canavese, Corso Vercelli 1, 10015 Ivrea, Tel. 0125/61 81 31, Fax 61 81 40.

Die Tour beginnt in *Rondissone* (Ausfahrt der A 4 Turin–Mailand). Hier geht es links ab in Richtung Mazzé und durch die letzten Kilometer der Po-Ebene. Saftiges Grün begleitet von nun an die Fahrt; Maisfelder und Pfirsichgärten am Wegesrand künden von der großen Fruchtbarkeit des Canavese. Bald schon gerät ein waldiger Hügel mit vielversprechendem Schloßturm ins Blickfeld: Vom Marktplatz in *Mazzé* können Sie zu Fuß zum Schloß hinaufwandern, vielleicht nach einer Stärkung in der ❂ *Trattoria Centro (Mo geschl., Tel. 011/983 52 50, Kategorie 3);* die Anfahrt ist aber auch im Auto möglich. Das Schloß, errichtet im 14. Jh., wurde im 19. Jh. von einem Liebhaber der Ritterzeit im neugotischen Turm-und-Zinnen-Stil renoviert; es liegt hoch über einer Flußschleife der Dora Baltea. In deren Auen geht es jetzt hinab auf der Straße Richtung Cigliano. Beim Überqueren der Dora sieht man links ein schönes Stauwehr aus dem 19. Jh. liegen.

Hinter Villareggia taucht rechter Hand das *Kloster S. Trompone* auf, gleich danach geht es links ab nach *Moncrivello.* Die gleichnamige Burg, eine wuchtige, verschachtelte Anlage aus dem Mittelalter, liegt mitten im Dorf; die letzten Meter durch die schmalen Gassen müssen Sie zu Fuß zurücklegen. Weiter geht es auf der Landstraße in Richtung Ivrea, auf der Sie einen verlockenden Waldsee passieren und auch ein paar Weinstöcke: Hier wird der Erbaluce di Caluso angebaut, ein einfacher, trockener Weißwein.

Nach wenigen Kilometern erreichen Sie das Dörfchen *Borgomasino* mit seinem Schlößchen, das heute mehr einer Villa des 19. Jhs. ähnelt. Aus alten Zeiten ist noch der quadratische Turm mit kunstvoll gearbeiteten Terrakottafriesen erhalten. Vielleicht möchten Sie auch einen Blick in die nahe *Pfarrkirche S. Salvatore* werfen: Der Barockbau (1755 bis 1773) mit sehr schön gegliedertem Innenraum und Gurtenkuppel ist ein Werk Bernardo Vittones, eines besonders phantasievollen Vertreters des piemontesischen Barock. Zurück auf der Straße nach Ivrea, grüßt bald darauf von der Anhöhe oberhalb Vestignè die imposante Rückseite des Schlosses von *Masino.* Man erreicht es über Caravino. Fast 1000 Jahre war das Schloß im Besitz der Fürsten von Valperga, die es von einer Festung zur prächtigen Residenz mit großem englischem Park ausbauten. Vom Vorplatz aus hat man einen herrlichen Blick auf die Serra, jenen 400 m hohen, schnurgeraden Moränenwall, der sich von Ivrea aus gen Südosten schiebt. Der Aostagletscher hat ihn geschaffen, doch man wähnt höhere Mächte im Spiel, denn geradezu unnatürlich wirkt sein Verlauf.

Zurück auf der Landstraße nach Ivrea, fahren Sie der Serra ein Stück entgegen, bis es nach *Ivrea* hineingeht. Dort biegen Sie an der großen P. Balla rechts ab und folgen der Ringstraße, bis linker Hand unübersehbar das *Castello di Ivrea* ins Bild rückt (S. 41). Bleiben Sie dann weiter auf der Straße, und folgen Sie den Wegweisern zur Autobahn aus der Stadt hinaus. Fahren Sie aber nicht auf die Autobahn, sondern weiter nach Südwesten in Richtung Castellamonte. Auf leichter Anhöhe geht es so durch schattige Wälder dahin, bis die Abzweigung nach Rivarolo Canavese kommt, auf der man nach *Agliè* gelangt. Das zugehörige Schloß war eine Residenz der Savoyer und ist eine Perle piemontesischen Backsteinbarocks (Baumeister: Amadeo di Castellamonte). Besonders hübsch ist die hochbarocke Schloßkapelle mit ihren stuckumschlossenen Malereien und der achteckigen Kuppel. In den den zweiten Innenhof umrahmenden Räumen sind schöne alte Möbel, wertvoller »Hausrat« und Bilder ausgestellt. Gönnen Sie sich aber auch einen Spaziergang im weitläufigen Park mit seinen Springbrunnen!

Nächste Station ist das lebhafte Städtchen *Rivarolo,* das man auf wenig spektakulärer Straße über Ozegna erreicht. Das mittelalterliche *Castello Malgrà* mit Zugbrücke liegt am südlichen Stadtrand sehr romantisch hoch über dem Flüßchen Orco. Es besitzt einige sehenswerte Fresken aus dem 15. Jh., darunter ein Landschaftsbild des Canavese, welches das Thema Ihres Ausfluges bestens illustriert: Schlösser und Burgen in einladender Hügellandschaft. Das im Vordergrund abgebildete Schloß ist übrigens Malgrà selbst. Von Rivarolo aus fahren Sie ein Stück zurück in Richtung Agliè, biegen aber noch vor Ozegna rechts in ein kleines Feldsträßchen ein, das gemütlich durch Maisfelder und vorbei an alten, halbverfallenen Gutshöfen nach *S. Giorgio Canavese* führt. In diesem stillen Städtchen steht erhöht am Ortsrand das gleichnamige Schloß, ein barockisierter Bau aus dem 12. Jh. mit großem englischem Park und üppiger Inneneinrichtung. Von S. Giorgio sind es dann nur wenige Kilometer zur A 5 Aosta–Turin.

② HÜGELKETTEN UND WEINDÖRFER: DURCH DIE LANGHE

»Andar per Langhe« nennen es die Piemontesen, wenn sie einen Ausflug in das hügelige Weinland südlich von Alba unternehmen. Und den unternehmen sie gerne, denn die alte Kulturlandschaft der Langhe, dieses Auf und Ab der weinbewachsenen Hügelketten vor dem Hintergrund der oft schneebedeckten Westalpen, ist von großem ästhetischem Reiz. In dieser nur spärlich besiedelten Region wächst der Barolo, einer der besten Rotweine der Welt. Die hier beschriebene Autotour führt mitten hinein in das Reich des Barolo – zu den Weinbergen, den enoteche, den Restaurants und den Burgen. Ausgangs- und Endpunkt der Fahrt ist Alba. Nur schlappe 55 km müssen zurückgelegt werden, doch einen Tag sollte man schon einplanen – immerhin handelt es sich um eine Genießertour!

In Alba nimmt man die große Ausfallstraße nach Südwesten in Richtung Dogliani, biegt nach 6 km rechts in Richtung Bra ab und fährt gleich darauf links den Hügel ins Dorf *Roddi* (ehemaliger Sitz einer Universität für Trüffelhunde!) hinauf. Das den Ort überragende Schloß (15. Jh.) gehörte einst König Alberto, der es jedoch nie bewohnte – zuwenig Komfort, krittelte der Regent.

Von Roddi aus geht es durch die ersten Weinberge weiter hinauf nach *Verduno,* dem ersten Barolo-Dorf. Auch das hiesige Schloß war im Besitz Carlo Albertos, eines großen Barolo-Fans, der daraus im 19. Jh. ein Paradeweingut machen wollte. Unterhalb des Schlosses – man kommt aber nur zu Fuß hin – liegt die berühmte, grasbewachsene *P. Belvedere* von Verduno mit schöner Aussicht über die Langhe. Wen es hier schon nach Rast und Ruhe gelüstet, dem sei eine besonders reizvolle Einkehr empfohlen: Das *Albergo Real Castello di Verduno* liegt direkt im Schloß, hat 13 Zimmer mit altmodischem Charme und großartigem Blick. Schloßpark und ein gutes Restaurant gehören auch dazu *(V. Umberto 9, Tel. 0172/47 01 25, Fax 47 02 98, Kategorie 2).*

Weiter geht es über ein kurviges Nebensträßchen zum noch etwas höher gelegenen *La Morra,* einer der wichtigsten Barolo-Gemeinden. Ihres herrlichen Panoramas wegen wird sie auch »Balkon der Langhe« genannt. Man sollte ein paar Schritte durch die malerische Altstadt spazieren, sich in der *Cantina Comunale (V. Carlo Alberto 2)* über den Barolo informieren und selbigen gleich einkaufen. Das geht natürlich auch direkt beim Produzenten, z.B. beim Spitzenwinzer *Elio Altare (Loc. Annunziata, Tel. 0173/508 35)*.

Von La Morra führt die Straße an einer kleinen Feldkapelle und dem heruntergekommenen Castello della Volta vorbei in das Dorf *Barolo* hinab, das dem Wein seinen Namen gab. Als eigentliche Wiege des Barolo gilt das *Schloß*, dessen Herren, die reiche Familie Falletti, diesen Wein erstmals anbauten. Mehr dazu erfährt man im schloßeigenen *Museum für Weingeschichte;* eine Önothek gehört auch dazu *(Fr–Mi 10–12.30 und 15–18.30 Uhr)*. Interessante Winzer vor Ort: z.B. *Luciano Sandrone (V. Alba 57)* oder die *Marchesi di Barolo (V. Alba 12)*. Weiter geht es gen Süden auf die rauhere Alta Langa zu. *Monforte d'Alba,* das in etwa die Grenze markiert, liegt bereits auf 530 m, was eine herrliche Aussicht über die umliegenden Hügel und Weinberge garantiert. Man sollte einen Spaziergang durch die hübschen Gassen machen und die Atmosphäre der mittelalterlichen Plätze auf sich wirken lassen. Gut einkehren kann man in der *Trattoria della Posta,* einem der ältesten Gasthäuser der Langhe. Hier wird die klassische, deftige Landküche serviert – viel Fleisch und große Portionen *(Do geschl., P. XX Settembre 9, Tel. 0173/781 20, Kategorie 2–3)*. Auf dem Platz davor gibt es ein Spielfeld für *pallone elastico,* den schwer nachvollziehbaren Nationalsport der Langhesi.

Von der Straße nach Roddino geht es dann links ab in das auf einem schmalen Bergkamm liegende, romantische *Serralunga d'Alba* mit seinem perfekt erhaltenen mittelalterlichen Kastell. Hier erfand ein Apotheker im letzten Jh. den medizinischen Barolo Chinato, eine Art Bitter-Barolo mit umstrittener Heilwirkung. In jedem Fall aber ein guter *digestivo!* Wer beschließt, die Nacht in diesem hübschen Dorf zu verbringen, sei auf das *Albergo Italia* verwiesen *(8 Zi., P. Cappellano 3a, Tel. 0173/61 31 24, Kategorie 3),* ein schlichtes, aber traditionsreiches Haus mit guter, solider Küche.

Wen es dagegen weiterzieht, der folgt dem Sträßchen und kommt, am bekannten *Weingut Fontanafredda* vorbei, auf die Hauptstraße Alba–Barolo. Hier geht es gleich an der ersten Kreuzung rechts nach *Grinzane Cavour* (S. 67), wo sich ein paar Jahre lang der Held des Risorgimento, Graf Camillo Benso di Cavour, in seiner Eigenschaft als Bürgermeister mit großer Leidenschaft dem Weinbau widmete. 3 km weiter erreicht man die letzte Etappe dieser Tour, *Diano d'Alba.* Das Dorf steht gewissermaßen nur noch mit einem Bein in der Barolo-Zone, denn in seinen Weinbergen wird zum Großteil Dolcetto angebaut – ein Dolcetto d'Alba, der einen hervorragenden Ruf genießt. In der *Cantina della Porta Rossa (P. Trento e Trieste 5)* kann man einige probieren. Von Diano d'Alba aus geht es auf gut ausgebauter Straße wieder hinab nach Alba.

Von Auskunft bis Zoll

Hier finden Sie die wichtigsten Adressen und Informationen für Ihre Piemont-Reise

AUSKUNFT

Staatliches Italienisches Fremdenverkehrsamt Enit
– Kaiserstr. 65, 60329 Frankfurt, Tel. 069/23 74 34, Fax 23 28 94
– Karl-Liebknecht-Str. 34, 10178 Berlin, Tel. 030/23 14 69 17, Fax 23 14 69 21
– Goethestr. 20, 80336 München, Tel. 089/53 13 17, Fax 53 45 27
– Kärntner Ring 4, 1010 Wien, Tel. 01/50 54 37 40, Fax 505 02 48
– Uraniastr. 32, 8001 Zürich, Tel. 01/211 36 33, Fax 211 38 85

AUTO

Vorgeschrieben sind Führerschein, Fahrzeugschein und der Nationalitätenaufkleber. Empfohlen wird die grüne Versicherungskarte; auch ein Auslandsschutzbrief kann nützlich sein. Die Höchstgeschwindigkeit beträgt im Stadtverkehr 50 km/h, auf Landstraßen 90 km/h, auf Schnellstraßen *(superstrade)* 110 km/h und auf Autobahnen 130 km/h. Die Autobahnen kosten Maut *(pedaggio)*, die man bar bezahlen kann oder mit einer vorher erworbenen *Viacard* (erhältlich zu 50 000, 100 000 oder 150 000 Lit an der Grenze, in Rasthäusern, beim ADAC), was Zeit spart. Benzin ist in Italien teurer als in den Nachbarländern; hinzu kommt, daß man wegen der niedrigen Oktanzahl auf Normalbenzin verzichten und nur Super tanken sollte. Bleifreies Benzin *(senza piombo)*, das es mittlerweile überall gibt, steht ohnehin nur als Super zur Verfügung. Achtung: Tankstellen, die nicht an den Autobahnen liegen, haben über Mittag und am Sonntag fast immer geschlossen! Es besteht Gurt- und Helmpflicht, und das Trampen auf Autobahnen ist verboten. Bei Pannen hilft der ACI (Automobile Club d'Italia) unter der Telefonnummer *116*.

BANKEN

Banken und Sparkassen sind in größeren Orten meist *Mo–Fr 8.20–13.20 Uhr und 14.45–15.45 Uhr* geöffnet. In kleineren Orten ist nachmittags meist geschlossen. Viele Banken besitzen einen *bancomat*, an dem man – soweit er mit EC gekennzeichnet ist – mit der EC-Karte bis zu 300 000 Lit abheben kann. Auch Kreditkarten erfreuen sich immer größerer

Beliebtheit – allerdings noch nicht in der kleinen Trattoria um die Ecke.

DIPLOMATISCHE VERTRETUNG

Deutsches Konsulat Turin
Corso Vittorio Emanuele II 98, Tel. 011/53 10 88

Österreichisches Konsulat Turin
Corso Matteotti 28, Tel. 011/54 36 76

Schweizer Konsulat Turin
V. Sacra di S. Michele 66, Tel. 011/71 55 70

EINREISE

Deutsche, Österreicher und Schweizer können sich mit einem gültigen Paß oder Personalausweis bis zu drei Monate in Italien aufhalten. Kinder bis zu 16 Jahren, die keinen eigenen Kinderausweis besitzen, müssen im Paß der Eltern eingetragen sein.

GESUNDHEIT

Deutsche Krankenkassen geben ein Formblatt aus, gegen dessen Vorlage man in italienischen Krankenhäusern kostenlos versorgt wird. Eine Reisekrankenversicherung deckt auch die Behandlung durch niedergelassene Ärzte ab. Anderenfalls reichen Sie Ihre Auslagen der heimischen Kasse zur Erstattung ein. Apotheken sind üblicherweise *Mo–Fr 9–13 und 16–19.30 Uhr* geöffnet, Sa meist geschlossen.

MIETWAGEN

Die großen Autoverleihfirmen haben Vertretungen in allen größeren Städten, meist in Bahnhofsnähe, in Turin auch am Flughafen. Einen Kleinwagen erhält man ab ca. 100 bis 120 Mark pro Tag, Wochenpauschalen beginnen bei ca. 600 Mark. Meistens ist es preiswerter, den Mietwagen bereits vor der Reise in Deutschland zu buchen.

NOTRUF

Pronto-soccorso-Telefonate sind von jedem öffentlichen Fernsprechapparat kostenlos. Notarzt, Polizei, Rettungswagen: *113;* Carabinieri: *112;* Feuerwehr *(vigili del fuoco): 115;* Pannenhilfe des ACI: *116.*

ÖFFNUNGSZEITEN

In Turin sind Lebensmittelgeschäfte meist *Mo–Sa 8.30–13 und 16.30–19.30 Uhr* geöffnet und – bis auf Metzgereien – *Mi-Nachmittag geschlossen.* Kaufhäuser und alle anderen Geschäfte öffnen *von 9 bis 12.30 und von 16 bis 19.30 Uhr;* hier ruht die Arbeit meistens Mo-Vormittag. Große Supermärkte haben oft auch über Mittag geöffnet. Die Wochenmärkte schließen mittags, nur auf Samstagsmärkten kann man meistens bis abends einkaufen.

POST

Die Postämter haben meist *Mo bis Fr 8.15–13.45 Uhr und Sa 8.15 bis 11.45 Uhr* geöffnet. Briefmarken bekommt man aber auch im Tabakgeschäft, erkennbar am Schild mit dem weißen T auf schwarzem oder blauem Grund. Das Porto für Postkarten wie für Briefe in EU-Länder beträgt 800, in die Schweiz 900 Lit.

SPORT

Angeln
Man braucht eine Erlaubnis, um in den Seen, Flüssen und Gebirgsbächen des Piemont zu fischen. Sie ist gegen eine geringe Gebühr in den örtlichen Fremdenverkehrsämtern (APT/IAT) erhältlich.

Bergsteigen
Wo fände man wohl mehr Möglichkeiten zum Wandern, Klettern und Bergsteigen als im auf drei Seiten von Bergen umstandenen Piemont? Auch die zahlreichen Naturparks erkundet man am besten zu Fuß. Von der Provinz Cuneo bis zum Lago Maggiore führt die *Grande Traversata delle Alpi* (GTA), ein 1000 km langer Fernwanderweg, der in 120 bequeme Etappen aufgeteilt ist. Tourenvorschläge unterbreiten gerne die örtlichen Fremdenverkehrsämter oder der *Club Alpino Italiano, Sektion Turin, V. Barbaroux 1, 10122 Turin, Tel. 011/54 60 31.*

Golf
Auf 18 Plätzen kann man im Piemont Golf spielen. Nähere Informationen: *Assessorato al Turismo, Sport e Tutela della Fauna della Provincia, Turin, V. S. Francesco di Paola 3, Tel. 011/575 63 25*

Skifahren
Die piemontesischen Alpen wie auch die Seealpen sind ein Paradies für den alpinen Skisport. Das Skigebiet der »Milchstraße« *(Via Lattea)* mit dem WM-geprüften Sestriere umfaßt 400 Kilometer Pisten und führt bis auf 2800 m hinauf; auch Limone ist ein lohnender Wintersportort.

Wassersport
Surfbretter, Segelboote und den entsprechenden Unterricht erhält man in zahlreichen Uferorten am Lago Maggiore, Lago d'Orta und am Lago di Viverone, dem Segelmekka für Turiner.

TELEFON

Auslandstelefonate sind von allen öffentlichen Apparaten aus möglich; es empfiehlt sich der Erwerb einer Telefonkarte *(scheda telefonica)* für 5000, 10 000 oder 15 000 Lit im Tabakgeschäft oder am Kiosk. Einige öffentliche Telefonapparate akzeptieren aber auch noch Geldmünzen. Auslandsgespräche kosten nach 22 Uhr und sonntags deutlich weniger. Die Vorwahl von Italien nach Deutschland ist 0049, nach Österreich 0043 und in die Schweiz 0041; Italien selbst besitzt die Vorwahl 0039.

TRINKGELD

Nette und aufmerksame Kellner, Tankwarte oder Kofferträger freuen sich über die Anerkennung ihrer Bemühungen. In Bars läßt man ein paar Münzen auf dem Tresen liegen.

UNTERKUNFT

Agriturismo
Immer beliebter: Wohnen und Essen auf dem Bauernhof. Das kann, muß aber nicht preiswert sein – auch sehr luxuriöse Landgüter offerieren diese Art von Alternativferien. Der Vorteil: Man lernt Land und Leute kennen und ißt meistens sehr gut. Verschiedene Organisationen bieten Adressen an, z.B. *Agriturist, Corso*

Vittorio Emanuele 101, 00186 Rom, Tel. 06/685 23 42. Der Katalog ist auch im italienischen Buchhandel erhältlich.

Camping
Auskünfte erteilen neben dem ADAC auch die Enit-Büros, die auf Anfrage ein Verzeichnis der Campingplätze verschicken.

Jugendherbergen
Die Auswahl ist eher bescheiden, soll aber erweitert werden. Informationen bei der *Associazione Italiana Alberghi per la Gioventù AIAG, V. Cavour 44, 00184 Rom, Tel. 06/487 11 52,* oder beim *Deutschen Jugendherbergswerk, Postfach 1455, 32704 Detmold, Tel. 05231/740 10.*

ZOLL

Innerhalb der EU herrscht für Privatreisende weitgehende Freiheit. Nur bei Genußmitteln sind gewisse Grenzen gesetzt: 800 Zigaretten, 10 l Spirituosen und 90 l Wein pro Kopf sind frei. Wer über die Schweiz reist, sollte mit Kontrollen rechnen und sich vorher mit den dortigen Zollbestimmungen vertraut machen. Für Schweizer sowie bei Einkauf im Duty-free-Shop gelten erheblich reduzierte Freimengen, u.a. 200 Zigaretten und 2 l Wein.

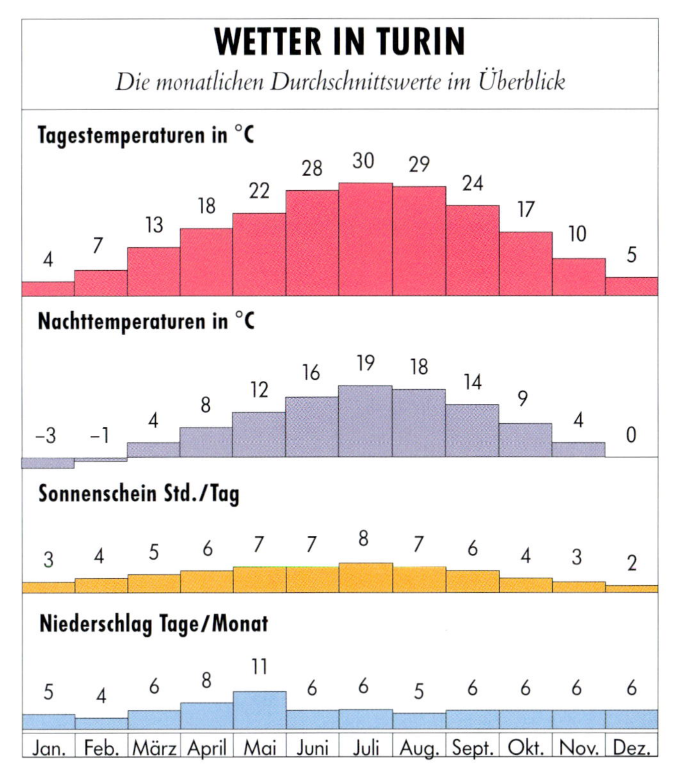

Bloß nicht!

Worauf Sie achten und was Sie vermeiden sollten

Das Menü ignorieren
Der Piemontese liebt vollständige und ausgedehnte Mahlzeiten, und so servieren Trattorien und Restaurants meistens richtige Menüs, bestehend aus *antipasti,* einem *primo,* einem *secondo* und dem Dessert. Vorspeise und Dessert muß man nicht unbedingt bestellen, aber wer dem Kellner mit einem »Für mich nur einen Teller Spaghetti« kommt, darf sich nicht wundern, wenn der erbost reagiert. Man kann jedoch versuchen, von der Pasta nur eine halbe Portion zu bestellen.

Das *scontrino* liegenlassen
Weil die Italiener traditionell eine eher laxe Steuermoral besitzen, hat sich eine gewitzte Regierung das Gesetz mit dem *scontrino,* dem Kassenbon, ausgedacht. Diesen muß der Verkäufer maschinell ausdrucken und dem Käufer übergeben, welcher in »unmittelbarer Umgebung« des Geschäftes nicht ohne diesen Zettel angetroffen werden darf. Sonst droht dem Verkäufer eine Strafe wegen Steuerhinterziehung – und dem Käufer eine Strafe wegen Beihilfe dazu. Die *Guardia di Finanza* kontrolliert das tatsächlich manchmal. Also nicht großzügig abwinken, wenn Ihnen die Kassenkraft im Supermarkt mit dem Beleg hinterhereilt!

Entfernungen unterschätzen
In den Langhe liegt alles so schön dicht beieinander – meint man. Hier ein interessantes Weindorf, dort eine Burg und dann noch zweimal abbiegen, schon sind wir in Ovada! Doch gemach: Die Entfernungen der einzelnen Ortschaften in Luftlinienkilometern gemessen sind tatsächlich immer ziemlich gering. Aber die Langhe sind nun mal ein Hügelgebiet voller Auf und Abs, Täler und Weinberge. Und die Landsträßchen folgen kurven- und steigungsreich dem Landschaftsrelief. Mit zügigem Vorankommen ist es hier nichts; das sollte man bei der Planung einer Autotour berücksichtigen und statt dessen lieber entspannt die herrliche Natur genießen.

Den Nebel unterschätzen
Piemontesischer Nebel ist nicht wie der, den Sie vielleicht von zu Hause her kennen. Er ist dicht. Er kann so dicht sein, daß Sie dreimal an Ihrem Hotel vorbeifahren. Damit sind wir auch schon beim Thema: An Nebeltagen ist im Straßenverkehr besondere Vorsicht geboten. Viele Autobahnen haben inzwischen ein Signalstreifensystem, das je nach Sichtweite die Idealgeschwindigkeit angibt. Doch wer kann, sollte das Auto an solchen Tagen einfach stehenlassen.

Sprechen und Verstehen ganz einfach

Zur Erleichterung der Aussprache:

c, cc	vor »e, i« wie deutsches »tsch« in deutsch, Bsp.: di**e**ci, sonst wie »k«
ch, cch	wie deutsches »k«, Bsp.: pa**cch**i, **ch**e
ci, ce	wie deutsches »tsch«, Bsp.: **c**iao, **c**ioccolata
g, gg	vor »e, i« wie deutsches »dsch« in Dschungel, Bsp.: **g**ente
gl	ungefähr wie in »Familie«, Bsp.: fi**gl**io
gn	wie in »Kognak«, Bsp.: ba**gn**o
sc	vor »e, i« wie deutsches »sch«, Bsp.: u**sc**ita
sch	wie in »Skala«, Bsp.: I**sch**ia
sci	vor »a, o, u« wie deutsches »sch«, Bsp.: la**sci**are
z	immer stimmhaft wie »ds«

Ein Akzent steht im Italienischen nur, wenn die letzte Silbe betont wird. In den übrigen Fällen haben wir die Betonung durch einen Punkt unter dem betonten Vokal angegeben.

AUF EINEN BLICK

Ja./Nein.	Sì./No.
Vielleicht.	Fọrse.
Bitte./Danke.	Per favọre./Grạzie.
Vielen Dank!	Tạnte grạzie!
Gern geschehen!	Non c'è di che!
Entschuldigen Sie!	Scụsi!
Wie bitte?	Cọme dịce?
Ich verstehe Sie/dich nicht.	Non La/ti capịsco.
Ich spreche nur wenig ...	Pạrlo sọlo un po' di ...
Können Sie mir bitte helfen?	Mi può aiutạre, per favọre?
Ich möchte ...	Vorrẹi ...
Das gefällt mir (nicht).	(Non) mi piạce.
Haben Sie ...?	Ha ...?
Wieviel kostet es?	Quạnto cọsta?
Wieviel Uhr ist es?	Che ọre sọno?/Che ọra è?

KENNENLERNEN

Guten Morgen!/Tag!	Buọn giọrno!
Guten Abend!	Buọna sẹra!
Gute Nacht!	Buọna nọtte!
Hallo!/Grüß dich!	Ciạo!
Wie geht es Ihnen/dir?	Cọme sta?/Cọme stạị?
Danke. Und Ihnen/dir?	Bẹne, grạzie. E Lei/tu?
Auf Wiedersehen!	Arrivedẹrci!
Tschüs!	Ciạo!
Bis bald!	A prẹsto!
Bis morgen!	A domạni!

Auskunft

links/rechts	a sinịstra/a dẹstra
geradeaus	dirịtto
nah/weit	vicịno/lontạno
Wie weit ist das?	Quạnti chilọmetri sọno?
Ich möchte … mieten.	Vorrẹi noleggịare …
… ein Auto	… ụna mạcchina.
… ein Fahrrad	… ụna biciclẹtta.
… ein Boot	… ụna bạrca.
Bitte, wo ist …?	Scụsi, dov'è …?
der Hauptbahnhof	la stazịone centrạle
die Haltestelle	la fermạta
der Flughafen	l'aeropọrto
Zum … Hotel.	All'albẹrgo …

Panne

Ich habe eine Panne.	Ho un guạsto.
Würden Sie mir einen Abschleppwagen schicken?	Mi potrẹbbe mandạre un cạrro-attrẹzzi?
Gibt es hier in der Nähe eine Werkstatt?	C'è un'officịna qui vicịno?
Würden Sie mir mit Benzin aushelfen?	Mi potrẹbbe dạre un po' di benzịna, per favọre?

Tankstelle

Wo ist bitte die nächste Tankstelle?	Dov'è la prọssima stazịone di servịzio, per favọre?
Ich möchte … Liter …	Vorrẹi … lịtri di …
… Normalbenzin.	… benzịna normạle.
… Super./… Diesel.	… sụper./… gasọlio.
… bleifrei/… verbleit.	… sẹnza piọmbo (vẹrde)/ … con piọmbo.
…mit … Oktan.	… a … ottạni.
Volltanken, bitte.	Il piẹno, per favọre.

Unfall

Hilfe!	Aiụto!
Achtung!/Vorsicht!	Attenzịone!
Rufen Sie bitte schnell …	Per favọre, chiạmi sụbito …
… einen Krankenwagen.	… un'autoambulạnza.
… die Polizei.	… la polizịa.
… die Feuerwehr.	… i vịgili del fuọco.
Haben Sie Verbandszeug?	Ha materịale di prọnto soccọrso?
Es war meine Schuld.	È stạta cọlpa mịa.
Es war Ihre Schuld.	È stạta cọlpa Sụa.
Geben Sie mir bitte Ihren Namen und Ihre Anschrift!	Mi dịa il Sụo nọme e indirịzzo, per favọre!

ESSEN/UNTERHALTUNG

Wo gibt es hier …	Scụsi, mi potrẹbbe indicạre …
… ein gutes Restaurant?	… un buọn ristorạnte?
… ein typisches Restaurant?	… un locạle tịpico?
Gibt es in der Nähe eine Eisdiele?	C'è ụna gelaterịa qui vicịno?
Reservieren Sie uns bitte für heute abend einen Tisch für 4 Personen.	Può riservạrci per stasẹra un tạvolo per quạttro persọne, per favọre?
Auf Ihr Wohl!	(Ạlla Sụa) salụte!
Bezahlen, bitte.	Il cọnto, per favọre.
Hat es geschmeckt?	Andạva bẹne?
Das Essen war ausgezeichnet.	(Il mangiạre) ẹra eccellẹnte.
Haben Sie einen Veranstaltungskalender?	Ha un progrạmma dẹlle manifestaziọni?

EINKAUFEN

Wo finde ich …?	Dọve pọsso trovạre …?
eine Apotheke	ụna farmacịa
eine Bäckerei	un panifịcio
ein Fotogeschäft	un negọzio di artịcoli fotogrạfici
ein Kaufhaus	un grạnde magazzịno
ein Lebensmittelgeschäft	un negọzio di gẹneri alimentạri
den Markt	il mercạto
einen Supermarkt	un supermercạto
einen Tabakladen	un tabaccạio
einen Zeitungshändler	un giornalạio

ÜBERNACHTUNG

Entschuldigung, können Sie mir bitte …empfehlen?	Scụsi, potrẹbbe consigliạrmi …
… ein Hotel	… un albẹrgo?
… eine Pension	… ụna pensiọne?
Ich habe bei Ihnen ein Zimmer reserviert.	Ho prenotạto ụna cạmera.
Haben Sie noch …?	È lịbera …?
… ein Einzelzimmer	… ụna sịngola
… ein Zweibettzimmer	… ụna dọppia
… mit Dusche/Bad	… con dọccia/bạgno
… für eine Nacht	… per ụna nọtte
… für eine Woche	… per ụna settimạna
… mit Blick auf den See	… con vịsta sul lạgo
Was kostet das Zimmer …	Quạnto cọsta la cạmera …
… mit Frühstück?	… con la prịma colaziọne?
… mit Halbpension?	… a mẹzza pensiọne?

PRAKTISCHE INFORMATIONEN

Arzt

Können Sie mir bitte einen guten Arzt empfehlen?	Mi può consigliạre un buọn mẹdico, per favọre?
Ich habe Durchfall	Sọffro di diarrẹa.
Ich habe …	Ho …
… Fieber.	… la fẹbbre.
… Kopfschmerzen.	… mal di tẹsta.
… Zahnschmerzen.	… mal di dẹnti.

Bank

Wo finde ich bitte …	Scụsi, dọve pọsso trovạre …
… eine Bank?	… ụna bạnca?
… eine Wechselstube?	… un'agenzịa di cạmbio?
Ich möchte diese … DM (Schilling, Schweizer Franken) in Lire wechseln.	Vorrẹi cambiạre quẹsti mạrchi (scellịni, frạnchi svịzzeri) in lire.

Post

Was kostet …	Quạnto cọsta …
… ein Brief …	… ụna lẹttera …
… eine Postkarte …	… ụna cartolịna …
nach Deutschland?	per la Germạnia?

Zahlen

0	zẹro	19	diciannọve
1	ụno	20	vẹnti
2	dụe	21	ventụno
3	tre	30	trẹnta
4	quạttro	40	quarạnta
5	cịnque	50	cinquạnta
6	sẹi	60	sessạnta
7	sẹtte	70	settạnta
8	ọtto	80	ottạnta
9	nọve	90	novạnta
10	diẹci	100	cẹnto
11	ụndici	101	centoụno
12	dọdici	200	duecẹnto
13	trẹdici	1000	mịlle
14	quattọrdici	2000	duemịla
15	quịndici	10000	diecimịla
16	sẹdici		
17	diciassẹtte	1/2	un mẹzzo
18	diciọtto	1/4	un quạrto

Carta
Speisekarte

PRIMA COLAZIONE	FRÜHSTÜCK
caffè, espręsso	kleiner, starker Kaffee ohne Milch
caffè macchiạto	kleiner, starker Kaffee mit wenig Milch
caffellạtte	Kaffee mit Milch
caffè decaffeinizzạto	koffeinfreier Kaffee
cappuccịno	Kaffee mit aufgeschäumter Milch
tè al lạtte/al limǫne	Tee mit Milch/Zitrone
tè ạlla męnta/ạlla frụtta	Pfefferminz-/Früchtetee
tisạna	Kräutertee
cioccolạta	Schokolade
spremụta di arạncia	frisch gepreßter Orangensaft
sụcco di frụtta	Fruchtsaft
frittạta	Omelett/Pfannkuchen
uǫvo ạlla cǫque	weiches Ei
uǫva al tegạme	Spiegeleier
uǫva sǫde	harte Eier
uǫva strapazzạte	Rühreier
pạne/panịno/pạne tostạto	Brot/Brötchen/Toast
cornętto	Hörnchen
bụrro	Butter
formạggio	Käse
salạme	Wurst
prosciụtto	Schinken
mięle	Honig
marmellạta	Marmelade
iǫgurt	Joghurt
dęlla frụtta	etwas Obst

ANTIPASTI/MINESTRE	VORSPEISEN/SUPPEN
acciụghe	Sardellen
affettạto mịsto	gemischter Aufschnitt
anguịlla affumicạta	Räucheraal
carciofịni sott'ǫlio	Artischockenherzen in Öl
fụnghi sott'ǫlio	Pilze in Öl
melǫne e prosciụtto	Melone mit Schinken
minestrǫne	dicke Gemüsesuppe
pastịna in brǫdo	Fleischbrühe mit feinen Nudeln
vitęllo tonnạto	kalter Kalbsbraten mit Thunfischcreme
zụppa di pęsce	Fischsuppe

PRIMI PIATTI	NUDEL- UND REISGERICHTE
pạsta	Nudeln
… al bụrro/in biạnco	… mit Butter
… ạlla napoletạna/al pomodọro	… mit Tomatensoße (ohne Fleisch)
… ạlla bolognẹse/al ragù	… mit Tomatensoße (mit Fleisch)
… con tartụfi	… mit Trüffeln
… con porcịni	… mit Steinpilzen
… ạlla pạnna	… mit Sahne
… ạglio e ọlio	… mit Knoblauch und Öl
… ạlla puttanẹsca	… mit Tomatensoße, Oliven und sehr scharfen Gewürzen
fettuccịne/tagliolịni	Bandnudeln
gnọcchi	kleine Kartoffelklößchen
polẹnta (ạlla valdostạna)	Maisbrei (mit Schmelzkäse)
agnolọtti/raviọli/tortellịni	gefüllte Teigtaschen
vermicẹlli	Fadennudeln
risọtto ạlla milanẹse	Reisgericht mit Safran

CARNE E PESCE	FLEISCH UND FISCH
agnẹllo	Lamm
ai fẹrri/ạlla grịglia	vom Grill
ạnitra	Ente
aragọsta	Languste
bollịto mịsto	gemischtes Siedfleisch
brasạto	Braten
conịglio	Kaninchen
cọzze/vọngole	Miesmuscheln/ kleine Muscheln
fẹgato	Leber
frịtto di pẹsce	gebackene Fischchen
gạmbero, grạnchio	Krebs, Krabbe
maiạle	Schweinefleisch
mạnzo/bụe	Rind-/Ochsenfleisch
ossobụco	Kalbshaxenscheibe mit Soße
pọllo	Huhn
rognọni	Nieren
salmọne	Lachs
scaloppịna	Schnitzel
scạmpi frịtti	fritierte Kaisergranate
sgọmbro	Makrele
sọgliola	Seezunge
spezzatịno	Geschnetzeltes/Gulasch
tọnno	Thunfisch
trọta	Forelle
vitẹllo	Kalbfleisch

VERDURA E INSALATE	GEMÜSE UND SALATE
aspạragi	Spargel
carciọfi	Artischocken
carọte	Möhren, Karotten
cavolfiọre	Blumenkohl
cạvolo	Kohl
cipọlle	Zwiebeln
fagiọli	weiße Bohnen
fagiolịni	grüne Bohnen
finọcchi	Fenchel
fụnghi	Pilze
insalạta mịsta	gemischter Salat
insalạta vẹrde	grüner Salat
lentịcchie	Linsen
melanzạne	Auberginen
patạte	Kartoffeln
patatịne frịtte	Pommes frites
peperọni	Paprika
pisẹlli	Erbsen
pomodọri	Tomaten
porcịni	Steinpilze
sẹdano	Sellerie
spinạci	Spinat
zụcca	Kürbis

FORMAGGI	KÄSE
parmigiạno	Parmesankäse
pecorịno	Schafskäse
ricọtta	quarkähnlicher Frischkäse

DOLCI E FRUTTA	NACHSPEISEN UND OBST
albicọcca	Aprikose
angụria, cocọmero	Wassermelone
arạncia	Orange
cassạta	Eisschnitte mit kandierten Früchten
ciliẹgie	Kirschen
cọppa assortịta	gemischter Eisbecher
cọppa con pạnna	Eisbecher mit Sahne
fịchi	Feigen
frạgole	Erdbeeren
gelạto	Eis
lampọni	Himbeeren
macedọnia	Obstsalat
mẹla	Apfel
melọne, popọne	Honigmelone

nocciọla	Haselnuß(-Eis)
pẹra	Birne
pẹsca	Pfirsich
prụgna, susịna	Pflaume
tịrami su	Löffelbiskuit mit Kaffee und Mascarpone-Creme
ụva	Trauben
vanịglia	Vanille(-Eis)
zabaiọne	Eierschaumcreme
zụppa inglẹse	Biskuit mit Vanillecreme

Lista delle bevande

Getränkekarte

BEVANDE	GETRÄNKE
ạcqua minerạle	Mineralwasser
amạbile	lieblich
amạro	Magenbitter
aranciạta	Orangeade
bịbita	Erfrischungsgetränk
bicchiẹre	Glas
bịrra scụra/chiạra	dunkles/helles Bier
bịrra ạlla spịna	Bier vom Faß
bịrra sẹnza alcoọl	alkoholfreies Bier
bottịglia	Flasche
con ghiạccio	mit Eis
digestịvo	Verdauungsschnaps
frappé/frullạto	Milchmixgetränk (oft mit Eis)
gassạta/con gas	mit Kohlensäure
grạppa	Tresterschnaps
limonạta	Limonade
liquọre	Likör
lịscia/sẹnza gas	pur/ohne Kohlensäure
sẹcco	trocken
spremụta di arạncia	frisch gepreßter Orangensaft
spumạnte	Sekt
sụcco di frụtta/di mẹle	Frucht-/Apfelsaft
sụcco di pomodọro	Tomatensaft
vịno biạnco/rosạto/rọsso	Weiß-/Rosé-/Rotwein
vịno dẹlla cạsa	Hauswein
vịno frizzạnte	Perlwein, moussierender Wein
vịno sfụso/apẹrto	offener Wein

Reiseatlas Piemont

Die Seiteneinteilung für den Reiseatlas finden Sie auf dem hinteren Umschlag dieses Reiseführers

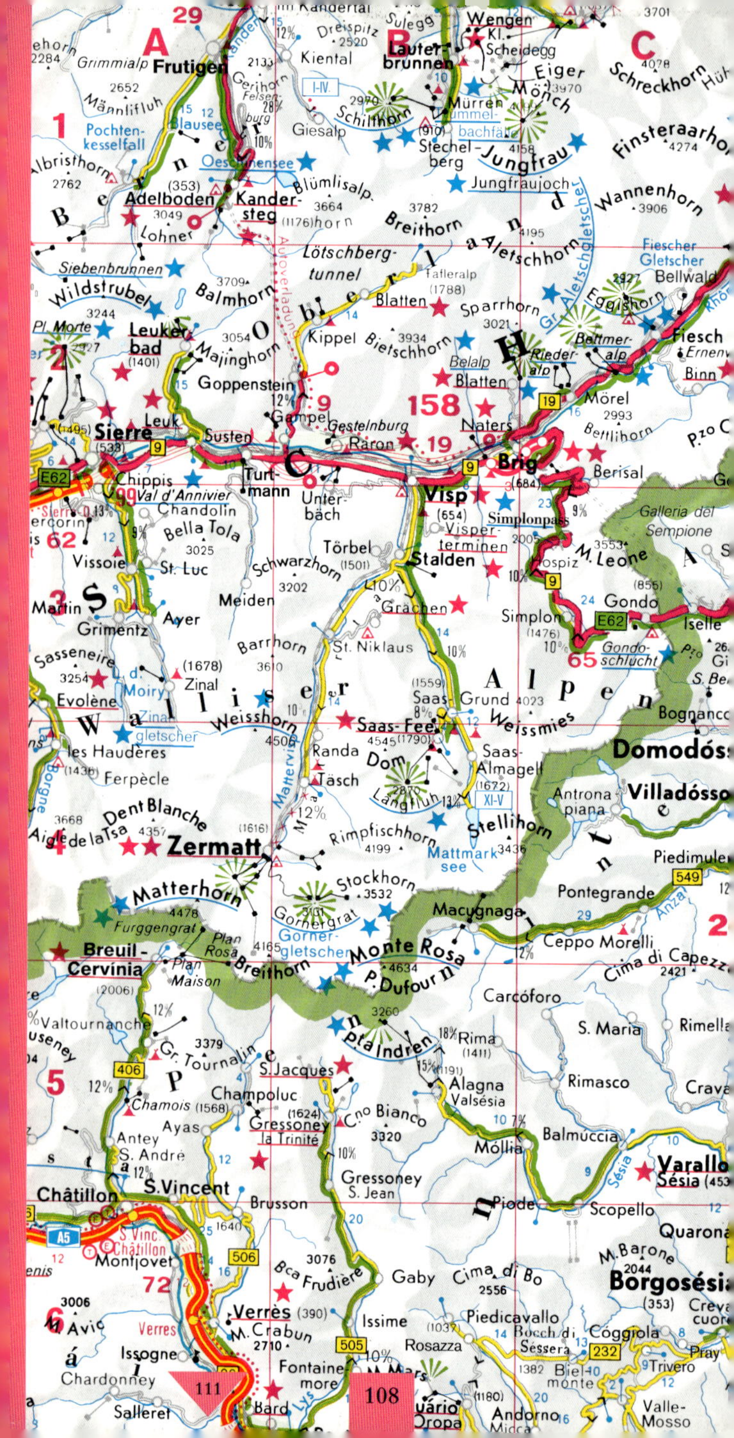
29
A
B
C
Frutigen
Grimmialp
Kandertal
Dreispitz
2520
Kiental
Sulegg
Lauterbrunnen
Wengen
Kl. Scheidegg
Eiger
Mönch
3970
Schreckhorn
4078
3701
2133
12%
Gerihorn
Felsenburg
28%
10%
I-IV
Giesalp
Schilthorn
2970
Mürren
Trümmelbachfälle
(910)
Stechelberg
Jungfrau
4158
Finsteraarhorn
4274
2652
Männlifluh
1
Pochtenkesselfall
Blausee
Oeschinensee
Albristhorn
2762
(353)
Adelboden
Kandersteg
Blümlisalp
3664
3049
Lohner
(1176)
3782
Breithorn
Jungfraujoch
Wannenhorn
3906
4195
Aletschhorn
Gr. Aletschgletscher
Fiescher Gletscher
Bellwald
Siebenbrunnen
Lötschbergtunnel
Tafleralp
(1788)
Autoverladung
Wildstrubel
3709
Balmhorn
Blatten
Sparrhorn
3021
Eggishorn
2927
Pl. Morte
3244
2927
Leukerbad
(1401)
3054
Majinghorn
Kippel
3934
Bietschhorn
Belalp
Blatten
Riederalp
Bettmeralp
Fiesch
Ernen
Binn
2
Goppenstein
12%
9
158
19
Mörel
2993
Bettlihorn
(1495)
Sierre
(533)
Leuk
Susten
Gampel
Gestelnburg
Raron
19
Naters
Brig
9
P.zo C
E62
Chippis
Val d'Anniviers
Turtmann
Unterbäch
Visp
(654)
(684)
Berisal
Simplonpass
23
9%
Galleria del Sempione
Chandolin
Sierre-Ost
13%
Vercorin
62
9%
Bella Tola
3025
Vissoie
St. Luc
Törbel
(1501)
Visperterminen
Stalden
2005
Hospiz
3553
M. Leone
10%
9
(855)
Gondo
3
St. Martin
Grimentz
Ayer
Schwarzhorn
3202
Meiden
10%
Grächen
Simplon
(1476)
10%
E62
Iselle
Gondoschlucht
65
Sasseneire
3254
L. d. Moiry
(1678)
Zinal
Barrhorn
3610
St. Niklaus
10%
(1559)
Saas-Grund
8%
4023
Alpen
Evolène
Walliser
Zinalgletscher
Weisshorn
4506
Saas-Fee
4545
(1790)
12
Weissmies
Bognanco
Domodóssola
les Haudères
(1436)
Ferpècle
Randa
Täsch
Dom
Saas-Almagell
(1672)
XI-V
2870
Längfluh
13%
Antrona piana
Villadóssola
3668
Aigle de la Tsa
Dent Blanche
4357
(1616)
Zermatt
12%
Mattertal
Rimpfischhorn
4199
Stellihorn
3436
Mattmarksee
4
Piedimulera
549
Matterhorn
4478
Furggengrat
Stockhorn
3532
3101
Gornergrat
Gornergletscher
Macugnaga
Pontegrande
Anza
29
Breuil-Cervínia
Plan Rosà
Plan Maison
4165
Breithorn
Monte Rosa
4634
P. Dufour
Ceppo Morelli
12%
Cima di Capezzone
2421
(2006)
12%
Valtournanche
3379
Gr. Tournalin
3260
Punta Indren
18%
Rima
(1411)
Carcóforo
S. Maria
Rimella
406
12%
S. Jacques
15%
(1191)
Alagna Valsésia
Rimasco
5
Chamois (1568)
Champoluc
Ayas
(1624)
Gressoney la Trinité
C.no Bianco
3320
Craveggia
Antey S. André
12%
10%
Balmùccia
Mòllia
7%
Châtillon
S. Vincent
12
Gressoney S. Jean
Sèsia
Varallo Sésia
(453)
Brusson
Piode
Scopello
S. Vinc. Châtillon
A5
Montjovet
1640
20
506
16
Quarona
M. Barone
2044
Borgosésia
72
3076
Bca Frudière
Gaby
Cima di Bo
2556
(353)
Crevacuore
6
3006
M. Avic
Verres
Verrès
(390)
M. Crabun
2710
Issime
Piedicavallo
(1037)
Bocch. di Sessera
Còggiola
Pray
Issogne
505
10%
Rosazza
232
Trivero
Fontainemore
1382
Bielmonte
Chardonney
111
108
Sallerel
Bard
Lys
Oropa
(1180)
Andorno Micca
Valle Mosso

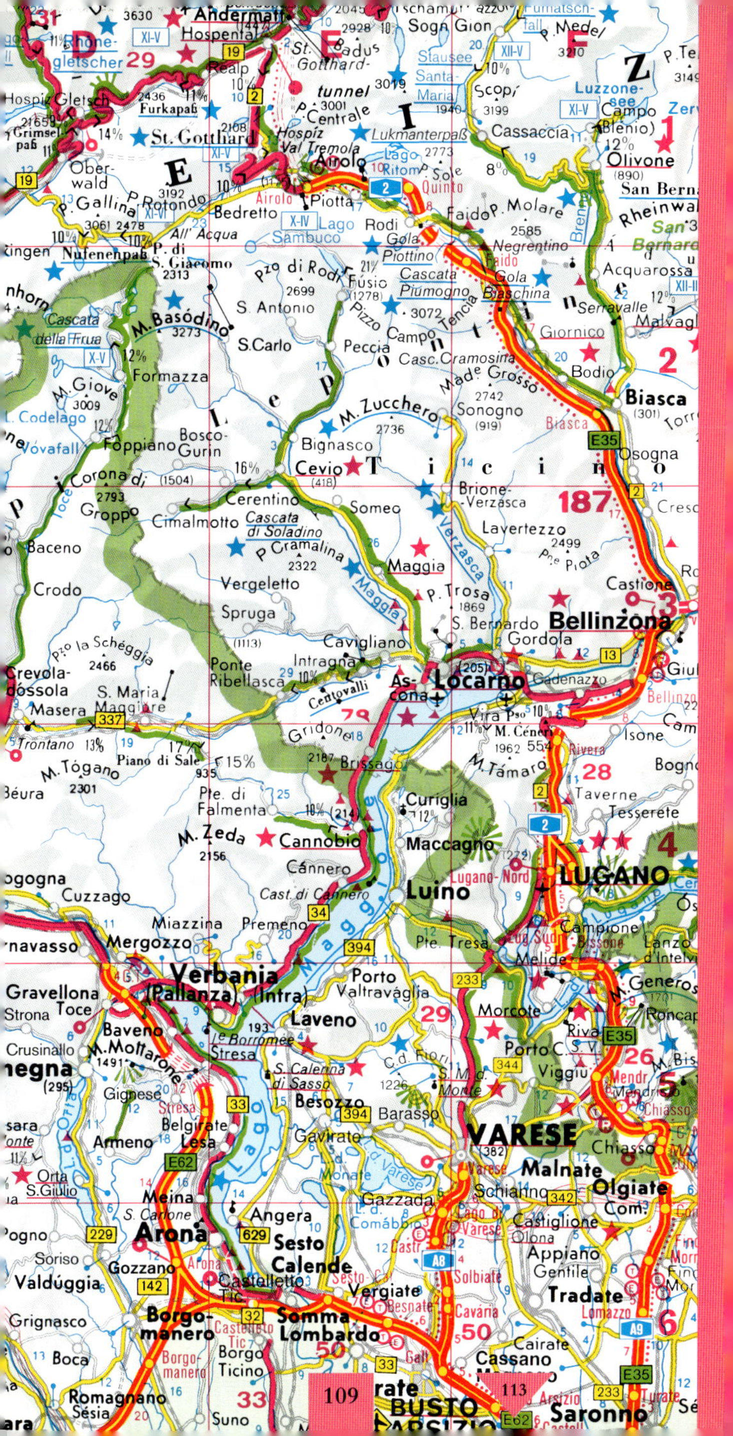

Andermatt
Hospental
Rhone-gletscher
Realp
St. Gotthard-tunnel
Sogn Gion
Stausee Santa Maria
Scopí
Cassaccia
Luzzone-see
Campo (Blenio)
Olivone
Furkapaß
St. Gotthard
Hospiz Val Tremola
Airolo
Lukmanterpaß
Lago Ritom
Sole
Quinto
Oberwald
P. Rotondo
P. Gallina
Bedretto
All' Acqua
Piotta
Lago Sambuco
Rodi
Faido
P. Molare
San Bernardino
Nufenenpaß
P. di S. Giacomo
Pzo di Rodi
Fusio
Gola Piottino
Negrentino
Acquarossa
Cascata della Frua
M. Basódino
S. Antonio
S. Carlo
Peccia
Pizzo Campo Tencia
Cascata Piumogno
Biaschina
Serravalle
Giornico
Formazza
M. Giove
Casc. Cramosina
Mad.e Grosso
Bodio
Biasca
L. Codelago
M. Zucchero
Sonogno
Foppiano
Bosco-Gurin
Bignasco
Cevio
Ticino
Osogna
Corona di Groppo
Cerentino
Brione-Verzasca
Cimalmotto
Someo
Lavertezzo
Cascata di Soladino
P. Cramalina
Verzasca
Baceno
Maggia
Crodo
Vergeletto
P. Trosa
Castione
Spruga
S. Bernardo
Bellinzona
Gordola
Pzo la Schéggia
Caviglianо
Intragna
Crevola-dóssola
Ponte Ribellasca
Centovalli
Ascona
Locarno
Cadenazzo
S. Maria Maggiore
Masera
Vira
M. Ceneri
Isone
Trontano
Piano di Sale
Gridone
Brissago
Rivera
M. Tógano
M. Tamaro
Taverne
Béura
Pte. di Falmenta
Curiglia
Tesserete
M. Zeda
Cannobio
Maccagno
Lugano-Nord
LUGANO
Cánnero
Cast. di Cannero
Luino
Cuzzago
Miazzina
Premeno
Pte. Tresa
Campione
Lugano-Süd
Bissone
Mergozzo
Melide
Verbania (Pallanza) (Intra)
Porto Valtravaglia
M. Generoso
Gravellona Toce
Morcote
Strona
Laveno
Riva
Baveno
Crusinallo
M. Mottarone
Stresa
Borromee
Porto C.
S. Calenna di Sasso
Viggiu
Gignese
Mendrisio
Besozzo
Barasso
S. Maria d. Monte
Belgirate
Lesa
Chiasso
Armeno
Gavirate
VARESE
Malnate
L. d. Varese
Monate
Orta
S. Giulio
Gazzada
Olgiate Com.
Meina
S. Carlone
Lago di Varese
Angera
Castiglione Olona
Arona
Sesto Calende
Comabbio
Appiano Gentile
Soriso
Gozzano
Castellett Tic.
Vergiate
Solbiate
Valdúggia
Tradate
Besnate
Grignasco
Borgo-manero
Somma Lombardo
Cavária
Lomazzo
Boca
Borgo Ticino
Cairate
Cassano
Romagnano Sésia
Suno
BUSTO ARSIZIO
Saronno
Turate
113

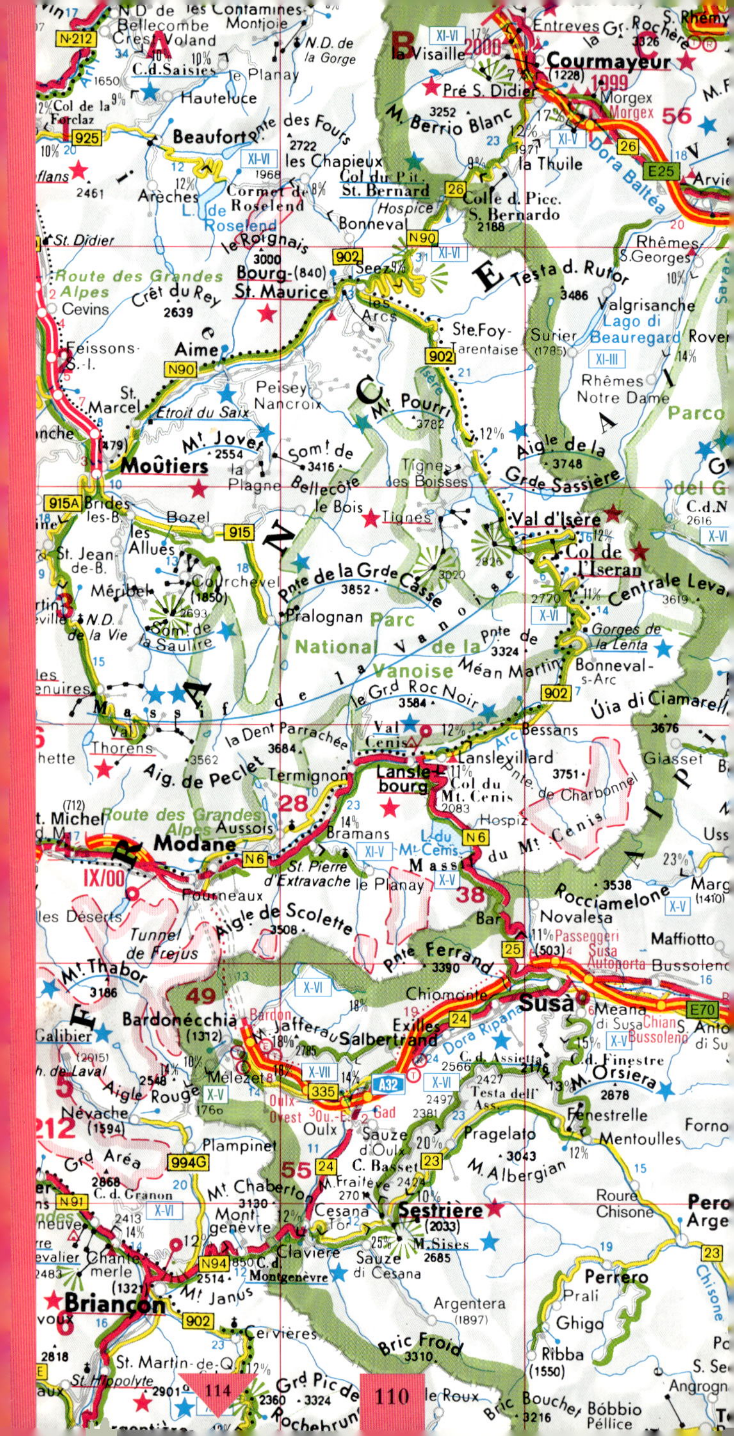

N.D. de Bellecombe
les Contamines-Montjoie
N.D. de la Gorge
Crest Voland
C.d.Saisies
le Planay
Hauteluce
Col de la Forclaz
Beaufort
Pointe des Fours
2722
les Chapieux
Col du P.it. St. Bernard
Hospice
Arêches
Cormet de Roselend
L. de Roselend
le Roignais
3000
Bonneval
Bourg-St. Maurice
(840)
Seez
St. Didier
Route des Grandes Alpes
Crêt du Rey
2639
Cevins
Feissons-s.-I.
Aime
les Arcs
Ste.Foy-Tarentaise
St. Marcel
Peisey Nancroix
Etroit du Saix
Mt. Pourri
3782
Mt. Jovet
2554
Moûtiers
(479)
Somt. de Bellecôte
3416
la Plagne
Tignes
les Boisses
le Bois
Brides-les-B.
Bozel
les Allues
St. Jean-de-B.
Méribel
Courchevel
(1850)
2693
Somt. de la Saulire
N.D. de la Vie
Pralognan
Pnte de la Grde Casse
3852
3020
Parc National de la Vanoise
Massif de la Vanoise
les Menuires
Val Thorens
Aig. de Peclet
3562
la Dent Parrachée
3684
le Grd Roc Noir
3584
Pnte de Méan Martin
3324
Termignon
Lanslebourg
Val Cenis
Lanslevillard
Col du Mt. Cenis
2083
Hospiz
Massif du Mt. Cenis
Pnte. de Charbonnel
3751
St. Michel
(712)
Route des Grandes Alpes
Modane
Aussois
Bramans
St. Pierre d'Extravache
le Planay
L. du Mt. Cenis
IX/00
Fourneaux
les Déserts
Aigle de Scolette
3508
Tunnel de Frejus
Pnte Ferrand
3390
Mt. Thabor
3186
Bardonécchia
(1312)
Bardon
M. Jafferau
2785
Salbertrand
Chiomonte
Exilles
Susa
Meana di Susa
Chianocco
Bussoleno
Galibier
(2015)
Ch. de Laval
Aigle Rouge
2548
Melezet
1760
Névache
(1594)
Oulx
Oulx Ouest
Oulx-E.
Gad
Sauze d'Oulx
C. Basset
2424
Plampinet
Grd Aréa
2868
C. d. Granon
Mt. Chaberton
3130
M. Fraitève
2701
Cesana
Tor
Montgenèvre
Claviere
C.d. Montgenèvre
1850
Briançon
(1321)
Chantemerle
Mt. Janus
2514
Cervières
St. Martin-de-Q.
St. Hipolyte
2901
Grd Pic de Rochebrune
3324
2360
Sauze di Cesana
Sestrière
(2033)
M. Sises
2685
Argentera
(1897)
Bric Froid
3310
le Roux
Bric Bouchet
3216
C.d. Assietta
2566
Testa dell' Ass.
2427
2497
2381
Pragelato
M. Albergian
3043
Fenestrelle
Mentoulles
C.d. Finestre
2176
M. Orsiera
2878
Forno
Roure
Chisone
Perosa Argentina
Perrero
Prali
Ghigo
Ribba
(1550)
Bóbbio Péllice
Angrogna
S. Secondo
Courmayeur
(1228)
Entreves
Gr. Rochère
3326
S. Rhémy
la Visaille
Pré S. Didier
Morgex
M. Berrio Blanc
3252
la Thuile
1971
Dora Baltéa
Arvier
Colle d. Picc. S. Bernardo
2188
Rhêmes S.Georges
Testa d. Rutor
3486
Valgrisanche
Lago di Beauregard
Surier
(1785)
Rhêmes Notre Dame
Parco
Aigle de la Grde Sassière
3748
Val d'Isère
Col de l'Iseran
2770
2826
Centrale Levanna
3619
Gorges de la Lenta
Bonneval-s-Arc
Úia di Ciamarella
3676
Bessans
Glasset
Arc
Rocciamelone
3538
Novalesa
Bar
Passeggeri
Autoporta
Maffiotto
Margone
(1410)
Usseglio
Dora Ripária
Alpi
C.d.N
2616
N-212
925
N90
902
915A
915
N6
994G
N91
N94
26
E25
28
38
49
55
56
24
25
335
A32
E70
23

114

108
Valpelline
Praz
Chamois (1568)
Champoluc
Gressoney la Trinité
Alagna Valsésia
Antey S. André
Ayas
Lignan
Saint-Christophe
Villefranche
Châtillon
S.Vincent
Gressoney S. Jean
Brusson
A5
Aosta-Est
Nus
Fenis
S.Vinc. Châtillon
Montjovet
506
Bca Frudière
3076
Gaby
Peroulaz
Pilaz
3559
M. Emilius
3006
M. Avic
Verres
Verrès (390)
M.Crabun
2710
Issime
Rosazza
505
M.Mars
2600
Issogne
Chardonney
Fontainemore
Cogne
3513
P.Tersiva
Champlong
Lillaz
Valnontey
26
Bard
Salleret
Donnaz
Pont St. Martin
Santuário d'Oropa
La Trappa
Chiavazza
BIELLA
Piamprato
Pont-S.-Martin
Cma Bonze
2516
Quincinetto
Séttimo Vittone
Netro
Gráglia
853
Campiglia Soana
Forzo
Valprato Soana
M.Gialin
3270
M.Giavino
2766
E25
Borgofranco d'Ivrea
Croce Serra
96
338
Ronco Canavese
Traversella
Chiaverano
Burolo
Ivrea
S.Giacomo
Bollengo
Piverone
460
Ribordone
Pont Canavese
Castelnuovo
Loranzè
Orco
Sparone
Locana
Parella
Azéglio
565
Castellamonte
Albiano
Chialamberto
Cuorgnè
Valperga
123
Strambino
Scarmagno
Cma dell'Angiolino
2168
Cantóira
Agliè
Borgo masino
Ozegna
S. Giórgio Canav.
Busano
Rivarolo Can.
Cándia Can.
Vische
Maglione
Cóndia
Céres
Chiáves
Cório
Cigliano
Pessinetto
Lanzo Torinese
Front
Caluso
Mazzè
A5
Viù
Germagnano
Matni
460
Foglizzo
57
Rondissone
Ciriè
Lombardore
Fiano
S. Maurizio Canav.
E612
M.Colombano
1658
Stura di Lanzo
Chivasso
A4
Volpiano
E64
Caselle Tor.
Leinì
Val della Torre
Brandizzo
S.Gillio
Venaría Reale
Séttimo Tor.
Gássino Tor.
Casalborgone
590
Almese
Collegno
Pianezza
Avigliana
Rivoli
C. Francia
S. Mauro Tor.
Berzano di S.P.
Cocconato
Cinzano
Superga
Abbezia di Vezzolano
Albugnano
TORINO
Trana
589
Castelnuovo Don Bosco
458
Orbassano
Pecetto Tor.
Chieri
(316)
Faro d. Vittoria
Moncalieri
Stupinigi
E70
Piossasco
Volvera
Riva p.Chieri
SS20
29
Santena
Villanova d'Asti
Candiolo
None
E717
Villastellone
Poirino
Airasca
Carignano
Buriasco
Valfenera
Virle Piemonte
Pralormo
Vigone
Carmagnola
111
115

108
116
112
Alagna Valsésia
Rimasco
Cravagliana
Césara
Sacro Monte
Varallo Sésia (453)
Móllia
Piode
Scopello
Quarona
Orta S. Giulio
Bréia
Pogno
Gozzano
Armeno
Stresa
Belgirate
Lesa
Meina
S. Carlone
Angera
Arona
Castelletto Tic.
M. Barone 2044
Borgosésia (353)
Cima di Bo 2556
Valdúggia
Creva-cuore
Grignasco
Borgomanero
Piedicavallo
Bocch. di Sèssera
Cóggiola
Rosazza
Biel-monte
Trivero
Pray
Serravalle 625
Boca
Borgo Ticino
M. Fraschéia
Romagnano Sésia
Andorno Micca
Valle-Mosso
Gattinara
Romagnano Ghemme
Ghemme
Suno
Oléggio
BIELLA (424)
Cossato
Fara Nov.
Momo
Mongrando
Candelo
Rovasenda
Carpignano Sésia
Zubiena
Massazza
Arbório
Bollengo
Buronzo
Gréggio
Biandrate
Piverone
Salussola
Azéglio
Viverone
Carisio
Balocco
Albano Verc.
Agognate
L. di Viverone
Cavaglià
Formigliana
Casalvolone
NOVA
Albiano
Santhià
Quinto Verc.
Cameriano
Vercelli Est
Borgo Vercelli
Granozzo c. M.
Borgo d'Ale
S. Germano Verc.
Caresanablot
Vespolate
Vische
Maglione
Cigliano
Tronzano Verc.
Confienza
VERCELLI (130)
Livorno Ferráris
Verc. Ovest
Palestro
Róbbio
Rondissone
Salúggia
Desana
Asigliano V.
Pezzana
Rosasco
Canale Cavour
Tricerro
Stroppiana
Sésia
Crescentino
Trino
Caresana
Bálzola
Palazzolo Verc.
Po
Casale Monf. Nord
Cándia Lom.
Brusasco
Gabiano
Morano s. P.
Casal-borgone
Pontestura
CASALE MONF.
Breme
Berzano di S. P.
Brózolo
Casale Monf. Sud
Cocconato
Murisengo
Crea
la Madonnina
Ticineto
Sartirana Lom.
Albugnano
Borgo San Martino
Torre Beretti
Castelnuovo Don Bosco
Montíglio
Ottiglio
Occimiano
Moncalvo
Mirabello Monf.
Montafia
Montechiaro d'A.
Calliano
Vignale Monf.
S. Salvatore Monferrato
Cortazzone
Montemagno
Viarigi
Fubine
Lu
Castagnole Monf.
Quargnento
Alessandria Ovest
ALES
Asti Ovest
Asti Est
Felizzano
Villafranca d'A.
Baldichieri d'A.
Quarto
Solero
Castello d. A.
Felizzano
Antignano
ASTI
Cantalupo
Alessandria S.
Casal
S. Damiano
153
A4/5
A26/4
A26
A21
E62
E64
E25
E70
E74

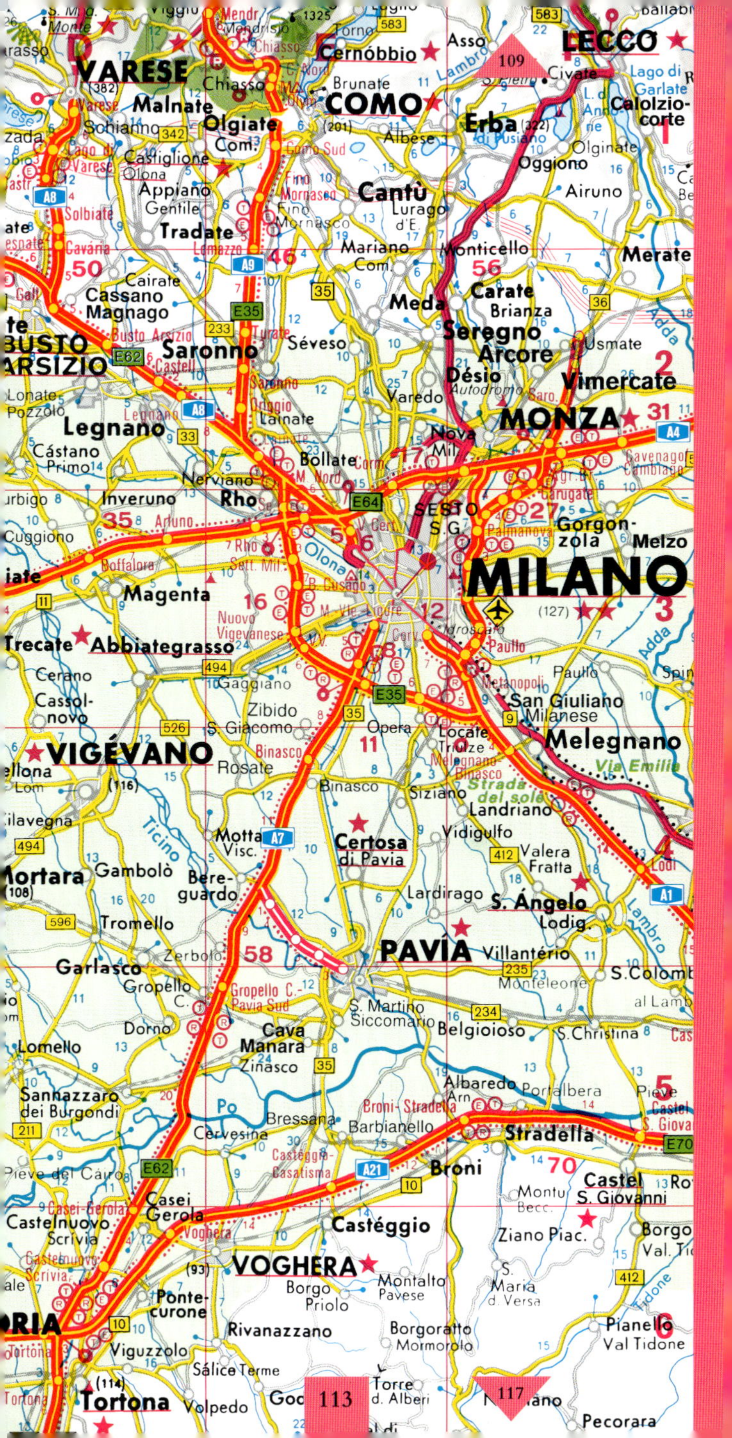

Mendrisio
Chiasso
Cernóbbio
Asso
109
LECCO
VARESE
Brunate
Civate
Lago di Garlate
Malnate
COMO
Calolzio-corte
Olgiate Com.
Erba
Schianno
Albese
Oggiono
Olginate
Castiglione Olona
Cantù
Airuno
Appiano Gentile
Fino Mornasco
Lurago d'E.
Tradate
Mariano Com.
Monticello
Merate
Cairate
Cassano Magnago
Carate Brianza
Meda
BUSTO ARSIZIO
Saronno
Séveso
Seregno
Usmate
Arcore
Vimercate
Désio
Varedo
Lonate Pozzolo
Legnano
Lainate
MONZA
Cástano Primo
Bollate
Nova Mil.
Nerviano
Inveruno
Rho
SESTO S.G.
Gorgonzola
Melzo
Cuggiono
MILANO
Magenta
Trecate
Abbiategrasso
Paullo
Cerano
Gaggiano
Cassolnovo
Zibido
San Giuliano Milanese
S. Giacomo
Opera
Locate Triulze
VIGÉVANO
Rosate
Melegnano
Via Emilia
Binasco
Siziano
Strada del sole
Landriano
Cilavegna
Motta Visc.
Certosa di Pavia
Vidigulfo
Valera Fratta
Mortara
Gambolò
Bereguardo
Lodi
Lardirago
S. Ángelo Lodig.
Tromello
PAVÍA
Villantério
Garlasco
Zerbolò
Gropello C.
Monteleone
S. Colomb
S. Martino Siccomario
Dorno
Cava Manara
Belgioioso
S. Christina
Lomello
Zinasco
Albaredo Arn.
Portalbera
Pieve
Sannazzaro dei Burgondi
Po
Bressana
Barbianello
Stradella
Cervesina
Broni
Pieve del Cairo
Castel S. Giovanni
Casei Gerola
Montu Becc.
Castelnuovo Scrivia
Castéggio
Ziano Piac.
Borgo Val. Ti
VOGHERA
Montalto Pavese
Borgo Priolo
S. Maria d. Versa
Pontecurone
Rivanazzano
Borgoratto Mormorolo
Pianello Val Tidone
Viguzzolo
Sálice Terme
Tortona
Volpedo
Torre d. Alberi
113
117
Pecorara
Ticino
Adda
Lambro
Olona

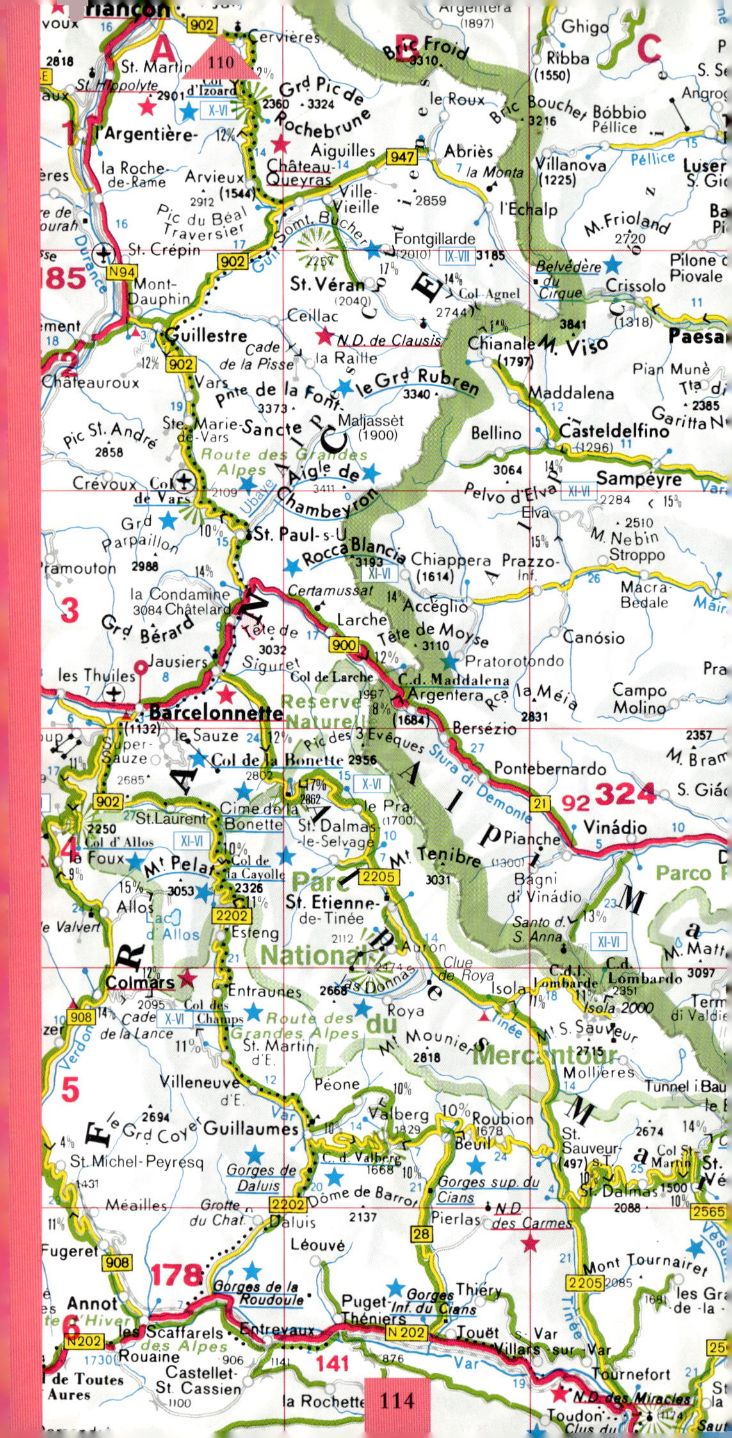

A
B
C
110
902
Cervières
Argentera
(1897)
Ghigo
Ribba
(1550)
Bric Froid
3310
St. Martin
St. Hippolyte
Grd Pic de Rochebrune
3324
le Roux
Bric Bouchet
3216
Bóbbio Péllice
Angrog
2901
d'Izoard
2360
X-VI
l'Argentière-
12%
Aiguilles
Château-Queyras
947
Abriès
Villanova
(1225)
Péllice
Luser
la Roche-de-Rame
Arvieux
(1544)
2912
la Monta
Ville-Vieille
2859
l'Echalp
Pic du Béal Traversier
St. Crépin
Durance
Guil
Somt. Bucher
Fontgillarde
(2010)
IX-VII
3185
M. Frioland
2720
Pilone Piovale
185
N94
902
2257
Belvédère du Cirque
Crissolo
Mont-Dauphin
St. Véran
(2040)
Col Agnel
2744
3841
(1318)
Paesa
Ceillac
Guillestre
N.D. de Clausis
Chianale
(1797)
M. Viso
Cade de la Pisse
la Raille
Châteauroux
902
Vars
Pnte de la Font-Sancte
3373
le Grd Rubren
3340
Maddalena
Pian Munè
2385
Garitta
Ste Marie-de-Vars
Maljassèt
(1900)
Bellino
Casteldelfino
(1296)
Pic St. André
2858
Route des Grandes Alpes
Aigle de Chambeyron
3411
3064
Sampeyre
Crévoux
Col de Vars
2109
Ubaye
Pelvo d'Elva
XI-VI
2284
Elva
Grd Parpaillon
2988
St. Paul-s-U.
Rocca Blancia
3193
XI-VI
Chiappera
(1614)
Prazzo-Inf.
2510
M. Nebin
Stroppo
Pramouton
la Condamine Châtelard
3084
Certamussat
Acceglio
Macra-Bedale
Maira
3
Grd Bérard
Tête de Siguret
3032
Larche
900
Tête de Moyse
3110
Canósio
Jausiers
Col de Larche
1997
Pratorotondo
les Thuiles
C.d. Maddalena
Argentera
Rca la Méia
2831
Campo Molino
Barcelonnette
(1132)
Reserve Naturelle
(1684)
Bersézio
le Sauze
Super-Sauze
Pic des 3 Evêques
Col de la Bonette
2956
Stura di Demonte
2357
M. Bram
Pontebernardo
2685
2802
X-VI
2862
le Pra
(1700)
92
324
21
S. Giác
902
27 St. Laurent
Cime de la Bonette
St. Dalmas-le-Selvage
Vinádio
2250
Col d'Allos
XI-VI
Pianche
(1300)
4
la Foux
Mt. Pelat
3053
Col de la Cayolle
2326
Parc
2205
Mt. Tenibre
3031
Bagni di Vinádio
Parco
Allos
Lac d'Allos
2202
St. Etienne-de-Tinée
Santo d. S. Anna
XI-VI
le Valvert
Esteng
2112
Auron
National
Clue de Roya
M. Matt
Colmars
2474
les Donnas
2668
Isola
C.d.l. Lombarde
2351
C.d. Lombardo
3097
908
Entraunes
Roya
Isola 2000
Terme di Valdieri
2095
Cade de la Lance
X-VI
Col des Champs
Route des Grandes Alpes
du
Tinée
M. S. Sauveur
Verdon
St. Martin d'E.
Mt. Mounier
2818
Mercantour
2715
Mollières
5
Villeneuve d'E.
Péone
Tunnel i.Bau
2694
le Grd Coyer
Guillaumes
Var
Valberg
1829
Roubion
1678
2674
St. Sauveur-s.T.
(497)
Col St. Martin
St. Michel-Peyresq
C.d. Valberg
1668
Beuil
Gorges de Daluis
Gorges sup. du Cians
1500
St. Dalmas
2088
1431
Méailles
Grotte du Chat.
2202
Dôme de Barrot
2137
N.D. des Carmes
2565
Fugeret
Daluis
Pierlas
28
Léouvé
908
178
Mont Tournairet
2085
2205
Annot
Gorges de la Roudoule
Puget-Théniers
Gorges Inf. du Cians
Thiéry
les Gra-de-la-
6
les Scaffarels
Entrevaux
N 202
Touët s. Var
N202
des Alpes
Rouaine
906
141
876
Villars-sur-Var
1730
de Toutes Aures
Castellet-St. Cassien
1100
Var
Tournefort
la Rochette
114
N.D. des Miracles
Toudon

Carignano
Villastellone
Poirino
111
Buriasco
Airasca
Virle Piemonte
Valfenera
Casanova
Pralormo
Vigone
Pancalieri
Carmagnola
S. Damiano d'Asti
Cavour
Casalgrasso
Crocetta
Ceresole Alba
Montà
Canale
Villafranca Piemonte
Moretta
Sommariva d. Bosco
Monteu Roero
Racconigi
Carde
Torre S. Giórgio
Sommariva Perno
Corneliano d'Alba
Staffarda
Ruffia
Cavallermaggiore
Bra
Monticello d. Alba
Scarnafigi
Revello
Monasterolo d. S.
Marene
Verduno
Roddi
Savigliano
Grinzane Cavour
Saluzzo
Cherasco
la Morra
Manta
Cervere
Verzuolo
Narzole
Barolo
Serralunga d'A.
Piasco
Costigliole Saluzzo
Salmore
Monforte d'A.
Venasca
Levaldigi
Serravalle d. Langhe
Villafalletto
Fossano
Bene Vagienna
Dogliani
Busca
Centallo
S. Albano Stura
Trinità
Farigliano
Villàr S.Costanzo
Carrù
Murazzo
Magliano Alpi
Murazzano
Castelletto Stura
la Pedaggera
Caráglio
Mad. d. Olmo
Morozzo
Niella T.
Trucchi
CÚNEO
Vicoforte
Lesegno
Ceva
Beinette
Mondovì
S. Michele Mond.
Borgo San Dalmazzo
Villanova Mond.
Gaiola
Peveragno
Vasco
Torre Mond.
Nucetto
Roccavione
Bóves
Chiusa di Pésio
Roccaforte M.
Montaldo di Mondovì
Robilante
Frabosa Soprana
Lisio
Bagnasco
Terme di Lurísia
Roáschia
Entrácque
Bc. Costa Rossa
M. Moro
Viola
Pamparato
Vernante
Artesina
Trinità
Certosa di Pésio
Parco Regionale dell' Alta Valle Pésio e Tánaro
Fontane
Valcasotto
Cla di Casotto
Priola
Calizzano
Limone Piemonte
San Giácomo
Garéssio
Galleria di Tenda
Tunnel de Tende
Colle di Tenda
Col de Tende
M. Mongiòie
M. Antoroto
Viozene
Ponte di Nava
Ormea
S. Bernardo
Vievola
Úpega
Caprauna
Tende
Mont Bégo
N. D. des Fontaines
Mónesi
Nava
C. di Nava
Alto
St. Dalmas de Tende
la Brigue
Mt. Saccarello
Pornassio
Pieve di Teco
Borghetto
Fontan
Verdéggia
Rezzo
Gorges de Berghe
Casanova
Saorge
Triora
C.S. Bartolomeo
Col de Turini
Gorges de Saorge
C. di Langan
Colle d'Oggia
Borgomaro
Chiusavécchia
Breil-sur-Roya
M. Alto
Ceppo
Pontedássio
Col de Brouis
Vásia
Badalucco
E717
E74
A6
N204

112
Asti Ovest
A21
Asti Est
Felizzano
E74
A26
ALE
E70
Villafranca d'A.
ASTI
Antignano
Quarto
Castello d. A.
Solero
Felizzano
Rocchetta Tánaro
Cantalupo
Alessandria-S.
Casal Cermelli
S. Damiano d'Asti
456
Montegrosso d'A.
Oviglio
Piano
Govone
Costigliole d'Asti
Agliano
Nizza Monf.
Incisa S.
Sezzádio
Orba
Canove
28
Castagnole
Lanze
Mombaruzzo
Bormida
A26
231
Tánaro
Belbo
Cassine
Canelli
Álice B.C.
Pred
69
Rivalta B.
Santo Stéfano Belbo
506
Ácqui T.
Strevi
(172)
ALBA
Mango
Bistagno
Carpeneto
Grinzane Cavour
Diano d'Alba
Búbbio
592
30
Visone
A26
Rocca Grimalda
Gallo d'Alba
Rocchetta Belbo
Melazzo
E25
Ovada
2
29
Vésime
401
(186)
Serralunga d'A.
Rocca-verano
Montechiaro Piana
Vallósio
Molare
Monforte d'A.
Torre Bormida
Cortemília
Ponzone
Serravalle d. Langhe
845
Cimaferle
Bc. Puschera
Erro
Olbicella
774
Spigno Monf.
Parco Regionale del Béigua
Bossolasco
Pezzolo V. Uzzone
29
30
Pareto
3
Niella Belbo
Gorzegno
334
Masone
Piana Críxia
Mióglia
Martina Olba
339
Monesíglio
19
B.d. Spigno
Sassello
(385)
1061
Pso. d. Faiallo
Millesimo
Carretto
542
Dego
(318)
Pontinvrea
516
C. del Giovo
M. Béigua
1287
(388)
Ceva
Céngio
Cáiro Montenotte
Arenzano
E80
Monte-zemolo
Millésimo
840
35
A6
28 bis
Altare-Carcare
M. S. Giórgio
Batt.
Varazze
A10
Cogoleto
Ceva
Monte-zemolo
(343)
Altare
Albisola
Celle Lig.
Nucetto
4
Mille-simo
Varazze
Murialdo Piano
459
29
Celle Lígure
Bagnasco
M. Camulera
Pállare
44
Savona Vado
Albisola Marina
1224
912
C. dei Giovetti
SAVONA
Mallare
Osíglia
Bórmida
Vado Lígure
28
1028
Spotorno
Caragnetta
Priola
Col del Melogno
1
Calizzano
490
Orco-Feglino
Spotorno
Garéssio
Noli
S. Margharita
C. di Noli
Bardineto
Finale Lígure
807
Colle Scravaión
Giogo di Toirano
A10
Pietra Lig.
Varigotti
957
Colle S. Bernardo
820
E80
Finale Lígure
Riviera di Ponente
Berioli
Pietra Lig.
Loano
Golf
Castel vécchio d. R. B.
98
Borghetto S. Spírito
582
Ceriale
Cisano sul Neva
Borghetto d'Arr.
Leca
Albenga
453
Villanova d'Alb.
Albenga
MAR
Casanova L.
1
Alássio
185
Andora
Laigueglia
Capo Mele
Pontedássio
S. Bartol.
Marina di Andora

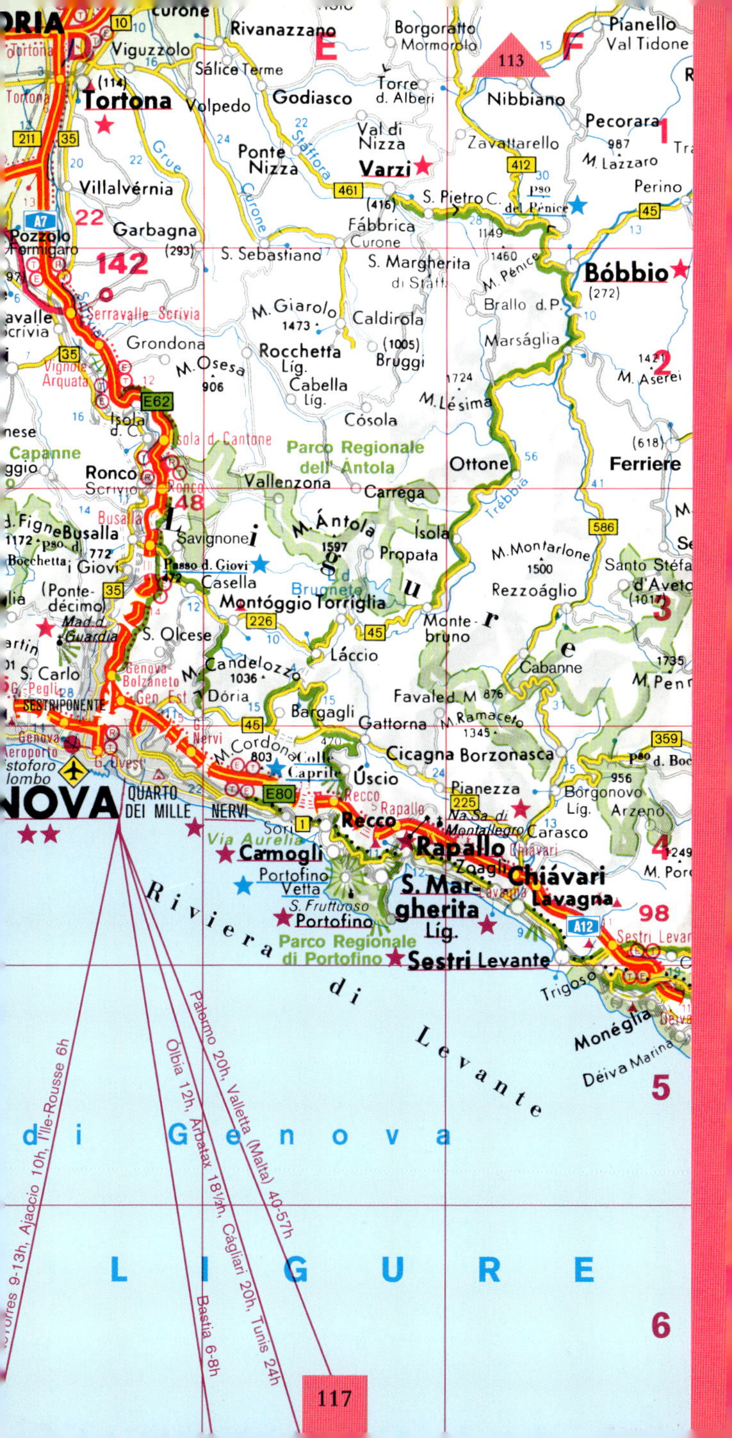

Tortona
Viguzzolo
Rivanazzano
Borgoratto Mormorolo
Pianello Val Tidone
Sálice Terme
Godiasco
Torre d. Alberi
Nibbiano
Volpedo
Pecorara
Val di Nizza
Ponte Nizza
Varzi
Zavattarello
M. Lazzaro
Villalvérnia
S. Pietro C.
Pso del Pénice
Perino
Garbagna
Fábbrica Curone
Pozzolo Formigaro
S. Sebastiano
S. Margherita di Staffa
Bóbbio
M. Pénice
M. Giarolo
Caldirola
Brallo d. P.
Serravalle Scrivia
Grondona
Rocchetta Líg.
Bruggi
Marságlia
M. Osesa
Cabella Líg.
M. Aserei
Vignole Arquata
M. Lésima
Cósola
Isola d. C.
Isola d. Cantone
Parco Regionale dell' Ántola
Ottone
Ferriere
Capanne
Ronco Scrivio
Vallenzona
Carrega
Trébbia
M. Ántola
Isola
Busalla
Savignone
Propata
M. Montarlone
Passo d. Giovi
Santo Stéfano d'Aveto
i Giovi
Casella
Brugneto
Rezzoáglio
Pontedécimo
Montóggio
Torriglia
Monte-bruno
Mad. d. Guardia
S. Olcese
Láccio
Cabanne
S. Carlo
Genova-Bolzaneto
M. Candelozzo
M. Penna
Pegli
Sestriponente
Gen. Est
Dória
Favale d. M.
Bargagli
Gattorna
M. Ramaceto
Genova
Aeroporto Cristoforo Colombo
Nervi
M. Cordona
Colle Caprile
Cicagna
Borzonasca
Pso d. Bocco
Úscio
Pianezza
Borgonovo Líg.
Arzeno
GENOVA
Quarto dei Mille
Nervi
Recco
Rapallo
Na Sa di Montallegro
Carasco
Sori
Via Aurelia
Camogli
Zoagli
Chiávari
M. Porcile
Portofino Vetta
S. Margherita Líg.
Lavagna
Sestri Levante
S. Fruttuoso
Portofino
Parco Regionale di Portofino
Sestri Levante
Trigoso
Riviera di Levante
Monéglia
Déiva Marina
Golfo di Genova
Porto Torres 9-13h, Ajaccio 10h, l'Ile-Rousse 6h
Ólbia 12h, Arbatax 18½h, Bastia 6-8h
Palermo 20h, Valletta (Malta) 40-57h
Cágliari 20h, Tunis 24h
MAR LIGURE

113

LEGENDE REISEATLAS

le Mans-Est 4 — Autobahn mit Anschlußstelle
Motorway with junction

Datum, Date — Autobahn in Bau
Motorway under construction

Datum, Date — Autobahn in Planung
Motorway projected

Raststätte mit Übernachtungsmöglichkeit
Roadside restaurant and hotel

Raststätte ohne Übernachtungsmöglichkeit
Roadside restaurant

Erfrischungsstelle, Kiosk
Snackbar, kiosk

Tankstelle
Filling-station

Autobahnähnliche Schnellstraße mit Anschlußstelle
Dual carriage-way with motorway characteristics with junction

Straße mit zwei getrennten Fahrbahnen
Dual carriage-way

Durchgangsstraße
Thoroughfare

Wichtige Hauptstraße
Important main road

Hauptstraße
Main road

Sonstige Straße
Other road

Bergbahn
Mountain railway

Sessellift (Auswahl)
Chair-lift (selection)

Autotransport per Bahn
Transport of cars by railway

Autofähre
Car ferry

Schiffahrtslinie
Shipping route

Landschaftlich besonders schöne Strecke
Route with beautiful scenery

Routes des Crêtes — Touristenstraße
Tourist route

Straße gegen Gebühr befahrbar
Toll road

Straße für Kraftfahrzeuge gesperrt
Road closed to motor traffic

Zeitlich geregelter Verkehr
Temporal regulated traffic

15% — Bedeutende Steigungen
Important gradients

Kultur
Culture

★★ PARIS, ★★ la Alhambra — Eine Reise wert
Worth a journey

★ TRENTO, ★ Comburg — Lohnt eine Umweg
Worth a detour

Landschaft
Landscape

★★ Rodos, ★★ Fingal's cave — Eine Reise wert
Worth a journey

★ Korab, ★ Jaskinia raj — Lohnt einen Umweg
Worth a detour

Besonders schöner Ausblick
Important panoramic view

Nationalpark, Naturpark
National park, nature park

Sperrgebiet
Prohibited area

4807 — Bergspitze mit Höhenangabe in Metern
Mountain summit with height in metres

(630) — Ortshöhe
Height above sea level

Kirche
Church

Kirchenruine
Church ruin

Kloster
Monastery

Klosterruine
Monastery ruin

Schloß, Burg
Palace, castle

Schloß-, Burgruine
Palace ruin, castle ruin

Denkmal
Monument

Wasserfall
Waterfall

Höhle
Cave

Ruinenstätte
Ruins

Sonstiges Objekt
Other object

Jugendherberge
Youth hostel

Badestrand · Surfen
Bathing beach · Surfing

Tauchen · Fischen
Diving · Fishing

Verkehrsflughafen
Airport

Flugplatz
Airfield

20 km

REGISTER

Verzeichnet sind alle in diesem Führer erwähnten Orte und Ausflugsziele. Halbfette Seitenzahlen verweisen auf den Haupteintrag, kursive auf ein Foto.

Was bekomme ich für mein Geld?

Die italienische Lira ist in letzter Zeit relativ stabil. Ein *caffè*, am Tresen einer Bar eingenommen, kostet meist nur 1400 Lit, wer ihn sich aber auf der Terrasse servieren läßt, zahlt eventuell das Dreifache. Ein schicker Terrassenaperitif im Turiner Zentrum kann auf diese Weise bis zu 14 000 Lit kosten. Für ein normales Barfrühstück im Stehen (Cappuccino und Croissant) gibt man ca. 3500 Lit aus. Ein gutes Preis-Leistungs-Verhältnis findet meist vor, wer essen geht. Ein Menü mit mehreren Vorspeisen, *primo, secondo*, Dessert und Wein gibt es manchmal schon ab 30 000 Lit. Eine Pizza Margherita erhält man sogar schon für 8000 Lit. Auch in öffentlichen Verkehrsmitteln braucht man wenig Geld. Eine Busfahrt in Turin kostet 1400 Lit, und für 12 000 Lit reist man im Zug von Turin bis nach Mailand. Dafür ist Autofahren ein teurer Spaß. Zum kostspieligen Benzin (1 l Super liegt bei 1850 Lit) kommt die Autobahnmaut (von Turin nach Bardonecchia – 85 km – sind es 15 000 Lit). Parken im Turiner Zentrum kostet bis zu 3000 Lit pro Stunde. Für Museen und Ausstellungen sind zwischen 2000 und 10 000 Lit zu bezahlen. Das Porto für eine Postkarte ins EU-Ausland beträgt 800 Lit.

DM	Lit	Lit	DM
1	968	100	0,10
2	1.937	500	0,52
3	2.905	1.000	1,03
4	3.874	1.500	1,55
5	4.842	2.000	2,07
10	9.684	5.000	5,16
20	19.369	7.500	7,74
25	24.211	10.000	10,33
30	29.053	20.000	20,65
40	38.737	25.000	25,82
50	48.421	30.000	30,98
75	72.632	40.000	41,30
100	96.843	50.000	51,63
200	193.686	60.000	61,96
250	242.107	70.000	72,28
300	290.529	80.000	82,61
500	484.215	90.000	92,93
750	726.322	100.000	103,26
1.000	968.429	500.000	516,30
2.000	1.936.858	1.000.000	1.032,60

Bei Scheckzahlung/Automatenabhebung am Urlaubsort berechnet die Heimatbank die obenstehenden Kurse. Stand: Januar 1998